Mein wundervoller Naschbalkon

mit Gemüse, Obst und Kräutern ideenreich gestaltet

Ulmer

Natalie Faßmann

Mein wundervoller Naschbalkon

mit Gemüse, Obst und Kräutern ideenreich gestaltet

Einfach gärtnern ohne Garten

Als ich vor ein paar Jahren anfing, auf meinem Balkon mit Obst, Gemüse und Kräutern zu experimentieren, wurde ich von meinen Freunden und Bekannten belächelt. Warum soll man sich denn die Mühe machen, Obst und Gemüse in Töpfen anzubauen? Das gibt es doch einfacher auf dem Markt und eigentlich braucht man einen Garten, um genügend ernten zu können. Und wenn schon! Ich habe weitergemacht, und aus meiner Lust am Probieren ist dieses Buch entstanden. Mein Südbalkon überrascht mich selbst nach zehn Jahren Zusammenleben immer wieder, wie viel Ernte trotz Sommerhitze und viel Wind möglich ist. Balkongärtnern ist heute einfacher als je zuvor. Denn es gibt viele balkontaugliche Sorten, sowohl für Obst als auch für Gemüse, es gibt leicht verfügbare Bio-Dünger und Bio-Erden, Wurmfarmen und ausgeklügelte Bewässerungssysteme.

Doch uns Stadtgärtnern sind die Balkone nicht genug. Wir erobern Hinterhöfe, Plätze und Brachen, stellen Bäckerkisten, Reissäcke und große Eimer auf und bauen Hochbeete aus Paletten. Und was wächst in den Gefäßen?

Richtig, Naschgemüse und Naschobst: Tomaten, Salat, Erdbeeren … Urban Gardening hat eine Bewegung in Gang gesetzt, die es geradezu darauf anlegt, sich in der Stadt selbst mit frischen Lebensmitteln zu versorgen, unabhängig davon, ob man einen Garten hat oder nicht.

Machen Sie mit und verwandeln Sie Balkone, Dachterrassen und Hinterhöfe zu Gärten für sich selbst und für Ihre Nachbarn. Besonders in Städten hilft jede Begrünung dabei, die hohen Sommertemperaturen zu senken. Und wenn wir unser Obst und Gemüse wieder selbst anbauen, hilft es uns, unsere Selbstwirksamkeit zu spüren und uns ein Stück Verantwortung zurückzuholen.

Schreiben Sie mir, welche Erfahrungen Sie beim Topfgärtnern machen, mit der Familie, mit Freunden, mit Nachbarn oder mit den lieben Kollegen.

naschbalkon@teamgarten.de

Natalie Faßmann

Viel Spaß beim Lesen, Stöbern und Probieren!

Kräuter
ab Seite 7

Kräutertöpfchen finden auf jedem Balkon ein Zuhause, selbst auf dem kleinsten. Welche Heil- und Gewürzkräuter, Duft- und Blütenpflanzen sich für Ihr Kräutergärtlein eignen, erfahren Sie in diesem Kapitel. Übrigens auch, wie Sie diese Schätze für den Winter konservieren, zum Beispiel als Basilikum-Limetten-Sirup auf Seite 18.

Gemüse
ab Seite 49

Ist es ein Geheimnis, wie man viele Tomaten erntet? Wenn ja, lüften wir es auf Seite 58. Und die vielen anderen Kniffe, zum Beispiel wie Sie schnell viel Salat ernten können, welche Gemüse selbst gesät oder besser als Setzling in der Gärtnerei gekauft werden und welche Gemüsearten viel zu schön zum Ernten sind.

Obst
ab Seite 83

Eine Obstplantage auf Balkonien ist möglich, wenn auch nur im Miniaturformat. Welche Äpfel, Birnen und Beeren sich am besten für solch ein ehrgeiziges Projekt eignen, erfahren Sie in diesem Kapitel. Und was Sie mit Ihrer bunten Beeren-Ernte so anstellen können, außer sie zu vernaschen, sehen Sie auf Seite 91.

Praxis
ab Seite 106

Pflanzenpflege ist kein Buch mit sieben Siegeln. Wenn die Basics stimmen, wachsen Pflanzen fast von allein. Hier lesen Sie außerdem wie Sie die passende Erde finden, wie man alte Erde recycelt und wie aus Pflanzenresten wertvoller Kompost entsteht. Wer da unerlaubt an Ihren Pflanzen knabbert, sehen Sie auf Seite 124.

Balkonfreu(n)de
Serviceseiten ab Seite 131

Am Anfang sind die Kräuter

Wer kann Kräutern schon widerstehen? Ich jedenfalls nicht und so bekommt das Basilikum aus dem Supermarkt, der Zitronen-Thymian vom Gemüsehändler oder die frisch duftende Minze aus dem Gartencenter bei mir ein neues Zuhause. Lesen Sie auf den folgenden Seiten, welche Kräuter sich noch für Töpfe und Kästen eignen und wie sie bestens versorgt werden.

Schnittlauch lässt sich
gut aus Samen ziehen.
Die Samen sind jedoch
nur etwa ein Jahr
keimfähig.

Schnittlauch, Dill & Co.

Schnittlauch gehört für mich zur Grundausstattung auf dem Balkon, genauso wie Dill und Petersilie. Klar, man kann sie fast das ganze Jahr über im Supermarkt kaufen. Aber haben Sie den Supermarkt-Schnittlauch schon mal blühen sehen? Eben. Schnittlauch im Topf (oder im Garten) blüht im späten Frühjahr mit puscheligen rosa oder seltener weißen Blütenkugeln (z.B. bei der Sorte 'Elbe'). Bei mir durfte der Schnittlauch jahrelang in einem großen Balkonkasten aus Terrakotta wuchern. Irgendwann wurde ihm der Kasten dann doch zu klein und ich habe den Schnittlauch geteilt. Ein Teil wurde wieder in den Terrakotta-Kasten gesetzt, wo er fröhlich weiterwuchert. Der andere Teil wächst nun in schlanken Rosentöpfen, die in einer Reihe auf dem Fensterbrett stehen. Das sieht sehr edel und einfach très chic aus! Die Blütenkugeln sind übrigens essbar. Einfach abzupfen und übers Quarkbrot streuen! Schnittlauch ist ein robustes Kraut. Fürs gute Wachstum seiner Lauchblätter braucht er alle 3 bis 4 Wochen eine halbe Dosierung Flüssigdünger, vor allem nach einer größeren Ernte. Auch wenn ich Schnittlauch liebe, ernte ich nie mehr als zwei Drittel einer Pflanze! Das schwächt den Schnittlauch und er wird leichtes Opfer für Blattläuse. Die sitzen an der Basis der Lauchblätter. Da hilft es nur noch, die Pflanzen auszutopfen, die Läuse auszuwaschen und die Pflanzen in frische Erde zu setzen.

Petersilie

Hätten Sie es gewusst? Petersiliensamen zählen zu den meistverkauften Samen im Handel. Das zeigt, wie beliebt die Petersilie ist. Am beliebtesten ist übrigens die 'Mooskrause' mit stark gekrausten Blättern, die typische Deko-Petersilie eben. Ich mag lieber die mit den glatten Blättern, wie sie in Südeuropa gern genommen wird, zum Beispiel 'Gigante di Napoli' und 'Einfache Schnitt'. Um Petersilie jedoch auszusäen, bin ich viel zu ungeduldig. Denn es kann schon mal 3 bis 4 Wochen dauern, bis die ersten Samen aufgehen. Wohlgemerkt die ersten, nicht alle! Ich setze da auf Setzlinge, die es im Frühling in jeder Gärtnerei gibt. Sie sind schon aus dem Gröbsten raus und nach kurzer Zeit kann ich ernten. Wer es dennoch mal mit der Aussaat probieren möchte, wartet bis Mai oder Juni. Der Boden ist dann warm genug, denn Petersiliensamen mögen keine kühle, nasse Erde. Wie bei Schnittlauch lohnt es auch hier, einen großen Kasten zu bepflanzen. Bis in den Herbst treibt die Petersilie unermüdlich Blätter, und selbst im Winter bleibt sie bei milden Temperaturen grün. Im zweiten Jahr blüht die Petersilie. Ihre Blätter sind dann recht derb und schmecken nicht mehr. Eine Pflanze kann man aber blühen lassen, um die Samen für die kommende Aussaat zu ernten.

Dill & Fenchel

Dill sät sich jedes Jahr zuverlässig selbst aus. Ein bisschen helfe ich trotzdem nach: Im Herbst streife ich die flachen, braunen Samen von den Dolden und streue sie in meine Kästen und Töpfe. Im Frühjahr freue ich mich dann über die ersten zarten Dillblättchen für Gurkensalat und Quark. Die Dillblüten sind den Schwebfliegen und Marienkäfern vorbehalten, denn die sind ganz wild auf die gelben Blütendolden. Und als Dank machen sich die nützlichen Insekten über Blattläuse und andere Schädlinge her.

Dill wird ab April direkt in Kästen oder große Töpfe gesät. Kompakte, 30–60 cm hohe, für Töpfe gut geeignete Sorten sind 'Delikat' und 'Brevi'. Andere Sorten werden ungefähr einen Meter hoch. Eine schöne, standfeste Blütensorte ist 'Vierling'. Um ein paar Samen verlustlos zu ernten, zum Beispiel für russische Kohlgerichte, stülpe ich, sobald sich die Samen braun färben, Butterbrottüten über einige Samenstände und binde den unteren Tütenrand zusammen.

Fenchel ist eine Pflanze für große, sonnige Balkone. Denn eine ausgewachsene Fenchelpflanze braucht schon einen halben Quadratmeter für sich allein. Die großen, den Dill ähnlichen Doldenblüten locken im Sommer zahlreiche Insekten an, selbst in die 13. Etage! Die fein gefiederten, nach Anis duftenden Blätter werden ganz ähnlich wie Dillblättchen verwendet: in Quark und Frischkäse oder zu Fischgerichten. Gesät wird ab April direkt in große Töpfe. Obwohl der Fenchel mehrjährig und winterfest ist, säe ich ihn meist jedes Jahr neu aus. Eine sehr hübsche Sorte ist der Bronzefenchel mit lilabräunlichen Blättchen. Die ungewöhnliche Färbung kommt jedoch nur in der vollen Sonne zum Vorschein.

Der hohe Fenchel braucht einen schweren Topf aus Ton oder Terrakotta, damit es ihn bei einem Windstoß nicht umweht.

Koriander

Eines vorweg: Ich liebe Koriander. Ich weiß, da scheiden sich die Geschmäcker, doch über Wokgerichte kann ich mir nichts Besseres vorstellen. Koriander säe ich ab April alle 3 bis 4 Wochen neu aus. So kann ich über den ganzen Sommer frische Blättchen ernten. Ein paar Pflanzen lasse ich blühen, um später die grünen, pfeffrig-scharfen Samenkörner zu ernten. Im Sommer braucht Koriander einen kühlen, eher schattigen Platz, um gut zu wachsen. Blatt-Sorten wie 'Cilantro'

produzieren besonders viele Blätter, bevor sie zu blühen beginnen. 'Confetti' hat gefiederte, dillähnliche Blätter.

In der Asia-Küche auch gut aufgehoben ist der Schnitt-Knoblauch (Allium tuberosum). Er ist mit dem Schnittlauch verwandt, hat aber flache Blätter mit deutlich knoblauchigem Aroma und ist ähnlich leicht aus Samen zu ziehen.

Bohnenkraut

Mein Winter-Bohnenkraut (*Satureja montana*) ist im Frühling über und über mit winzigen rosafarbenen Blüten übersät. Es ist mehrjährig und überdauert den Winter. Das einjährige Garten-Bohnenkraut (*Satureja hortensis*) wird ab Mitte Mai direkt in Töpfe gesät. Winter-Bohnenkraut und Garten-Bohnenkraut mögen Standorte in der vollen Sonne. Ihre Blättchen haben ein pfeffriges Aroma und sind die perfekten Gewürz-Partner für Bohnengerichte. Aber nicht nur: Bohnenkraut passt auch zu anderen Gemüsearten wie Tomaten, Paprika und Zucchini ….
Pfeffrig mit frischer Zitrusnote ist das Zitronen-Bohnenkraut. Ein Sammler-kraut für Zitronenfans! Es ist eine Unterart des Winter-Bohnenkrauts und ebenfalls mehrjährig. Winter-Bohnenkraut und Zitronen-Bohnenkraut sind sicher frostfest und können im Freien überwintert werden. An frostfreien Tagen werden die immergrünen Pflanzen ab und an gegossen, damit sie nicht vertrocknen.

Majoran

Der Majoran (*Origanum majorana*) ist eng mit dem Oregano verwandt (siehe Seite 31). Seine Blüten ziehen viele Bienen und Hummeln an. Blätter und Blüten haben ein zartes, leicht pfeffriges Aroma. Ich verwende den Majoran am liebsten frisch für Kartoffelpuffer oder Kartoffelstampf. Getrockneter Majoran ist auch als Wurstgewürz, zum Beispiel für Brat-wurst, bekannt. Majoran wird jedes Jahr ab April neu ausgesät. In milden Jahren überwintert er sogar und treibt wieder neu aus.

Estragon

Für Estragon-Essig vier lange Zweige in einen halben Liter Weißwein-essig legen. Nach einer Woche ist der Essig aromatisiert und wird abgeseiht.

Estragon ist nicht gleich Estragon, sagen die Kräuter-Feinschmecker. Der Französische Estragon (*Artemisia dracunculus*) hat ein besonders feines Aroma. Er kann nur als Pflanze erstanden werden, denn er bildet keine Samen aus. Manchmal wird er auch Deutscher Estragon genannt. Im Gegensatz dazu ist der Russische oder Sibirische Estragon weniger aroma-tisch. Sein Vorzug ist seine robuste Art. Er kommt mit kühlem Klima besser klar und kümmert nicht so schnell. Der Französische ist da heikler. Beide Estragon-Varietäten vertragen auch Halbschatten. Da es dem Fran-zösischen Estragon auf meinem Balkon zu sonnig und trocken ist, habe ich mich für den Russischen Estragon entschieden. Im Sommer ernte ich regel-mäßig die Triebspitzen, so bleibt der Estragon kompakt. In großen Töpfen mit ausreichend Wurzelraum können die Pflanzen bis zu einem Meter hoch werden. Und aus den geernteten Triebspitzen mache ich mir jedes Jahr ein, zwei Flaschen Estragon-Essig.

SO PFLEGELEICHT SIND KRÄUTER

An einem sonnigen Platz wachsen Kräuter fast von allein. Im Frühjahr gibt's eine Startdüngung mit Kompost oder Langzeitdünger. Nur nicht zu viel, das geht auf Kosten des Aromas! Kräuter, von denen viel auf einmal geerntet wird, brauchen im Sommer noch mal Düngernachschub. Man kann Kräuter in drei Pflegestufen einteilen:

1. reichlich gießen, öfter düngen:
Koriander, Petersilie, Schnittlauch, Minze, Basilikum

2. reichlich gießen, wenig düngen:
Fenchel, Dill, Estragon, Melisse

3. wenig gießen, wenig düngen:
Thymian, Salbei, Rosmarin, Oregano, Ysop, Lavendel

Kräuter-Freundschaften

Manche Kräuter vertragen sich so gut, dass sie sich gern einen großen Kübel oder Balkonkasten teilen. Aber wer mag sich und wer nicht?

Rosmarin und Basilikum mögen zum Beispiel nicht im selben Topf wohnen. Denn Rosmarin mag es eher trocken und will nur wenig Dünger. Basilikum dagegen braucht feuchte Topferde und regelmäßig einen Schuss Flüssigdünger. Einer von beiden würde in einer Topfgemeinschaft leiden! Thymian, Salbei und Currykraut passen viel besser zum Rosmarin, denn sie teilen seine Vorlieben. Das Basilikum bekommt seine eigenen Kräuter-Nachbarn Dill, Petersilie und Schnittlauch. Ganz und gar nicht gemeinschaftstauglich sind Minzen. Sie überwuchern alle anderen. Haben Sie die Kräuter-Nachbarn nach ihren Standortvorlieben zusammengestellt, wird's kreativ. Stellen Sie sich vor, wie die Kräuter im Topf aussehen werden, wenn sie wachsen. Alle sollen gut zur Geltung kommen. Aufrechte, hohe Kräuter wie ein Rosmarin-Stämmchen, Currykraut, Basilikum oder Dill kommen in den hinteren Bereich, damit sie die Sicht auf kleinere Kräuter nicht verdecken. Die niedrigeren Kräuter wie Petersilie oder Schnittlauch werden vor die hohen gesetzt. Am Rand sind polsterähnlich wachsende und hängende Kräuter wie Thymian, Berg-Bohnenkraut, Kapuzinerkresse oder Gewürz-Tagetes gut aufgehoben.

Damit Sie eine Vorstellung bekommen, wie viele Kräuter nun in einen Kasten passen, hier ein paar „Rezeptvorschläge".

Schnittlauch & Co.:

In einen Balkonkasten mit 60 cm Länge passen je zwei Pflanzen Schnittlauch und Dill, die in der Mitte des Kastens Platz finden. Vier Pflanzen Petersilie und drei Pflanzen Basilikum werden links und rechts daneben gesetzt. In die Lücken wird noch Kapuzinerkresse im Abstand von 10 cm gesät.

Mediterranes Quartett:

In einen Terrakottakübel mit 30 cm Durchmesser passen Frucht-Salbei, Gewürz-Salbei, Oregano und Zitronen-Thymian. Nehmen Sie den eher hängend wachsenden Gold-Oregano 'Aureum' und setzen Sie ihn leicht schräg an den Rand. Der Frucht-Salbei ist nicht winterhart und wird im Herbst zum Überwintern umgetopft.

Kräuter-Kugel:

Für einen Hanging Basket benötigen Sie sechs trockenheitsliebende Kräuter nach Wahl für die obere Öffnung und sieben eher Feuchtigkeit vertragende für die Seiten. Besonders gut machen sich Petersilie, Basilikum, Zitronen-Melisse, Kapuzinerkresse unten und Salbei, Rosmarin, Duft-Pelargonien, Thymian und Majoran weiter oben. Versuchen Sie verschiedene Blattfarben zu kombinieren. Zuerst werden die seitlichen Öffnungen bepflanzt und danach die obere Öffnung.

Basilikum

Würzig, ein wenig scharf, mit einem Hauch Süße – so schmeckt ein frisch gezupftes Basilikumblatt der Sorte 'Genovese'. Mit seinen großen, gewölbten, grünen Blättern ist es wohl das am häufigsten ausgesäte Basilikum. Doch es lohnt sich, Saatgutregale aufmerksam nach rotblättrigem, kleinblättrigem oder exotischem Anis-Basilikum abzusuchen. Wer Lust auf ein Abenteuer hat, studiert die Kataloge von Kräutergärtnereien, die oft mehr als 20 Sorten im Angebot haben.

Denn Basilikum ist nicht gleich Basilikum. Das Neapolitanische Basilikum hat stark gekrauste, hellgrüne Blätter, die fast handtellergroß werden. Ebenfalls gekraust, aber etwas kleiner sind die Blätter der Sorte 'Crispum'. Kompakt, fast buschig bleibt 'Compatto'. 'Ararat' hat violett getupfte, kleinere Blätter mit leichtem Lakritzaroma. Die Blätter von 'Amethyst' sind violett gefärbt, aber im Geschmack wie 'Genoveser'. 'Rotes Krauses' oder 'Purple Ruffles' haben gekrauste, tief violette Blätter. Blätter mit cremeweißem Rand haben 'Rainers Weißes' und 'Pesto Perpetuo'. Die schönsten Blüten hat 'Magical Michael': purpurne Blütenkelche mit weißen Blüten über dunkelgrünem Laub.

Exotisch würzig sind Zimt- und Anis-Basilikum. Die Blätter vom Anis-Basilikum sind von dunklerem Grün, die Stängel eher rötlich. Anisartig duften und schmecken auch das Thai-Basilikum und seine Sorten. Zitronen-Basilikum hat einen frischen, spritzigen Zitrus-Geschmack.

Basilikum für mehrere Jahre

Auf meiner Fensterbank in der Küche stehen schon seit ein paar Jahren zwei Töpfe mit Afrikanischem Basilikum, 'African Blue' (rechts unten) mit violett-grünen und 'African Green' mit grünen Blättern. Die Blätter sind etwas kleiner und derber als die von 'Genovese', aber hocharomatisch. Mittlerweile sind es schon kleine Sträucher geworden. Selbst im Winter versorgen sie mich mit frischen Blättern und Blüten. Im Sommer schneide ich sie alle paar Wochen kräftig zurück. Blätter und Blütenstände trockne ich. Anders als beim „normalen" Basilikum bleibt ihr Aroma erhalten.

Im Frühjahr schneide ich Stecklinge für den Balkon, die in einem Glas Wasser schnell Wurzeln bilden. Im Mai setze ich sie zu mehreren in große Töpfe oder Kästen und lasse sie wachsen und blühen. Denn das Besondere an diesen Sorten ist, dass sie trotz Blüte weiterwachsen. Und Bienen und Hummeln freuen sich über die vielen tiefrosa oder weißen Blüten!

Griechisches Buschbasilikum

Basilikum 'African Blue'

Basilikum ist ein Sonnenkind

Warm und sonnig, ohne stürmischen Wind, an einem solchen Platz gedeiht das Basilikum prächtig. Pralle Mittagssonne verträgt es nicht. Die lässt die Blätter welken und hinterlässt verbrannte Blattränder. Eine Ausnahme: das Afrikanische Basilikum. Basilikum kann zwar schon ab Mitte Mai ins Freie gesät werden. Aber es ist ein heikles Kraut. Die Samen gehen immer schnell auf. Doch bei kühlen Frühlingstemperaturen brauchen sie sehr lange, bis sie aus dem Sämlingsstadium herauswachsen und die ersten Laubblätter bilden. In dieser Zeit reagiert es zudem empfindlich auf kühlen, feuchten Boden. Die zarten Sämlinge werden welk und fallen um. Darum warte ich mit der Aussaat bis Anfang Juni. Dann ist es wärmer, das Basilikum wächst zügiger und holt den Zeitverlust schnell wieder rein. Im Sommer braucht Basilikum unbedingt alle 14 Tage einen Volldünger in halber Dosierung.
Robuste Basilikumsorten, die auch mal einen verregneten Sommer gut wegstecken, sind 'African Blue', 'Gorbatschow' und 'Wildes Allgäu' sowie Wildes Basilikum (*Ocimum canum*).

Die kleinen weißen oder rosafarbenen Blüten stehen an langen Rispen. Sie sind essbar und können über Frischkäse, Salat oder andere Gerichte gestreut werden.

Jetzt wird geerntet

Vor der Blüte ist das Basilikum am aromatischsten. Ich kneife die Blütenansätze schon früh aus, dann verzweigt sich das Basilikum gut und es wächst buschig. Die Blütenansätze können genauso verwendet werden wie die Blätter. Wenn möglich ernte ich keine einzelnen Blätter, sondern schneide die Triebe bis auf zwei Blätter über einer Verzweigung zurück.

Blätter und auch Blütenstände schmecken frisch am besten. Die großen Blätter vom Neapolitanischen Basilikum lege ich mir gern aufs Brot. Leider lässt sich Basilikum schlecht trocknen oder einfrieren. Eine Ausnahme ist auch hier das Afrikanische Basilikum, das sein Aroma auch nach dem Trocknen behält. Ich gebe es zum Beispiel als Gewürz in Brotteig oder in Tomatensoße. Zum Glück gibt es noch mehr Möglichkeiten, das sommerliche Basilikum-Aroma für den Winter einzufangen: in Form von Pesto, Kräuterbutter, Essig oder Sirup.

Werden die Triebspitzen regelmäßig abgeerntet, bleibt das Basilikum kompakt und blüht später.

Basilikum-Limetten-Sirup

Zutaten für etwa 0,5 Liter Sirup:
300 g Zucker
300 ml Wasser
2–3 Handvoll Basilikum
4 ungespritzte Limetten

Wasser und Zucker aufkochen. Basilikum, Saft von zwei Limetten, Schale von 4 Limetten in die heiße Zuckerlösung geben und über Nacht ziehen lassen. Am nächsten Tag Zuckerlösung abseihen und bei mittlerer Hitze etwa 10 Minuten köcheln. Den heißen Sirup in ausgekochte Flaschen abfüllen, verschließen und abkühlen lassen. Der Sirup hält sich im Kühlschrank etwa 2 Monate.
Mit Sprudelwasser wird daraus eine erfrischende Limonade. Die Dosierung ist dabei Geschmackssache. Ich mische das Sirup auch gern mit Sekt oder Prosecco.

Pesto Genovese

Zutaten:
50 g Blätter von Basilikum 'Genovese'
zwei geschälte Knoblauchzehen
2 EL Pinienkerne
Pfeffer und Salz
100 ml Olivenöl
50 g geriebener Parmesan

Die Zutaten bis auf Öl und Parmesan mit einem Mörser zerdrücken. Nach und nach das Olivenöl dazuträufeln. Den geriebenen Parmesan zum Schluss unterheben. Wer wenig Zeit hat, kann das Pesto auch in einem elektrischen Mixer zubereiten. Basilikumpesto ist der Klassiker zu Nudeln jeder Art, passt aber auch zu Suppen, Fleisch und Fisch. Ich mache mein Pesto gern mit mehr Olivenöl und Parmesan. Dann wird es cremiger und ist ein guter Aufstrich fürs selbst gebackene Brot. Übrigens können Sie nach diesem Rezept auch Pestos aus Petersilie, Koriander, Minze und anderen Kräutern herstellen.

Zitronenfrisch bis minzig

Im Sommer trinke ich gern Tee aus aufgebrühten, frischen Kräuterblättern. Besonders mag ich die Kräuter mit erfrischender Zitrus-Note. Je nach Laune mag ich es entweder mild oder intensiv. Da lohnt es sich, mehrere der zitronigen Kräuter anzubauen. Mild zitronig ist der **Türkische Drachenkopf** (*Dracocephalum moldavicum*), manchmal auch Moldawische Melisse genannt. Während der Blüte ist die Konzentration an ätherischen Ölen in seinen Blättern am höchsten. Dann werden Blätter und Blüten geerntet und getrocknet. Die Zitronen-Melisse hat ein feines Zitronen-Aroma. 'Citronella' ist die derzeit zitronigste Sorte. Eher nach Limette und Mandarine schmeckt die Kreta-Melisse (*Melissa officinalis* subsp. *altissima*). **Monarde** oder Indianernessel (*Monarda didyma, M. fistulosa*) ähnelt im Geschmack der Zitronen-Melisse. Verwendet werden Blätter und die roten Blüten. Sehr intensiv zitronig ist die Zitronenverbene (*Aloysia triphylla*). Die kaufe ich mir jedes Jahr neu, denn sie will

kühl überwintert werden und solch einen Platz kann ich ihr nicht bieten.

Agastachen sind wie eine Wundertüte an Geschmacksrichtungen. Die Koreanische Minze (*Agastache rugosa*) ist eine gern gesehene Staude auf meinem Südbalkon. Sie ist zuverlässig winterhart, und sie sät sich selbst aus. Wie der Name vermuten lässt, duftet sie minzig, jedoch nicht so intensiv wie die Pfeffer-Minze. Im Sommer umschwärmen Wildbienen und Hummeln ihre lila Blütenkerzen. Bei *Agastache mexicana* gibt es selbst innerhalb einer Art Unterschiede: Die Sorte 'Toronjil Morado' ist reine Zitrone, 'Sangria' ganz klar Anis. Beide haben auffällige magentafarbene Blüten. Wie bei Monarde und Drachenkopf werden sowohl die Blätter als auch die Blüten geerntet. Nur weil sich diese Kräuter vorwiegend für Tee eignen, spricht nichts dagegen, mit den zitronigen Aromen auch Süßspeisen, Fisch oder Gemüsegerichte zu verfeinern.

Wie die Indianernessel enthalten alle zitronenduftenden Kräuter die duftbestimmenden ätherischen Öle Citral, Citronellal, Geranial und Neral.

Säen, pflanzen, düngen

Die meisten Teekräuter werden ab April in Töpfe ausgesät, zum Beispiel Zitronen-Melisse und Agastache oder Einjährige wie Drachenkopf und Kamille. Die meisten Sorten der Agastache können nicht über Aussaat vermehrt werden. Hier kauft man sich am besten eine Pflanze im Topf. Wie andere Kräuter werden auch diese nur sparsam gedüngt. Es reicht aus, im Frühjahr eine Startdüngung zu geben und im Sommer ein- bis zweimal mit geringer Dosierung nachzudüngen. Die Zitronen-Melisse drängt ihre Topfnachbarn mit ihren Ausläufern schnell an die Seite. Sie bekommt darum ihren eigenen, mindestens 20 cm im Durchmesser großen Topf.

Pfeffer-Minze, Apfel-Minze & Co.

Bei Minzen packt mich jedes Jahr das Sammelfieber. Ich kann einfach nicht anders. Und wenn ich bei Freunden oder Bekannten eine neue Minzensorte entdecke, füge ich sie meiner Sammlung hinzu. Natürlich frage ich vorher, ob ich einen Steckling nehmen darf. Die intensiv duftende Zitronen-Minze, habe ich letztes Jahr durch Zufall entdeckt. Denn nur so findet man gut duftende Sorten: durch probieren.

Was mich so an den Minzen fasziniert? Ich denke, es ist die Aromenvielfalt. Denn es gibt nicht nur die typisch pfefferminzigen Sorten wie 'Mitcham', bei der der Mentholgehalt besonders hoch ist. Je geringer der Mentholgehalt ist, desto mehr andere ätherische Öle kommen zum Vorschein und bestimmen den Duft: spritzig-zitronig, fruchtig, blumig oder kümmelähnlich. Die Apfel-Minze 'Bowles' hat große weiche Blätter, die fruchtig duften und schmecken. Kleine, weiß gefleckte Blätter hat die Ananas-Minze, die für mich deutlich fruchtig duftet, aber nur wenig nach Ananas. Ihrem Namen alle Ehre machen dagegen die Bananen-Minze und die Erbeer-Minze. Ausgeprägte zitronige Aromen bringen Orangen-, Zitronen-, Limonen- (z.B. 'Hillary's Sweet Lemon') und Grapefruit-Minze. Marokkanischen Minzetee brüht man sich mit der eher süßlichen Nane-Minze (*Mentha spicata* var. *crispa*). Und Kaugummi-Geschmack gibt's auch, mit der 'Spearmint'.

MINZEN FÜR JEDEN GESCHMACK

Art/Sorte	Duft	Mentholgehalt
'Mitcham' (*Mentha x piperita*)	Pfefferminzaroma	stark mentholhaltig
'Multimentha' (*M. piperita*)	Pfefferminzaroma	stark mentholhaltig
'Spearmint' (*M. spicata*)	Kaugummi	mentholhaltig
'Chocolate' (*M. x piperita*)	After-Eight-Duft	mentholhaltig
'Marokkanische Minze' (*M. spicata* var. *crispa*)	süßlicher, kühler Geschmack	mentholhaltig
Orangen-Minze (*M. x piperita* var. *citrata*)	Bergamotteorange	mentholarm
Zitronen-Minze (*M. gentilis* var. *citrata*)	Zitronenduft	mentholarm
Erdbeer-Minze (*M. species* 'Strawberry')	Erdbeerduft	mentholarm
Bananen-Minze (*M. arvensis* 'Banana')	Bananenduft	mentholarm
Ananas-Minze (*M. suaveolens* 'Variegata')	fruchtiges Aroma	mentholarm
Apfel-Minze (*M. x suaveolens* 'Bowles')	Apfelaroma	sehr mentholarm

Wenn ich eine interessante Sorte finde, wie die Schoko-Minze rechts, nehme ich entweder einen bewurzelten Ausläufer ab oder stelle einen Steckling in ein Glas Wasser.

Den Minzen Einhalt gebieten

Minzen vermehren sich über Ausläufer, die andere Pflanzen schnell verdrängen. Darum setze ich jede meiner Minzen in einen Topf mit mindestens 20 cm Durchmesser. In einem größeren Topf oder Kasten können auch mehrere Minzen kombiniert werden.

Aber: Nicht alle Minzen neigen gleichermaßen zum Wuchern. Einige wachsen auch langsam und können sich gegen starkwachsende Sorten nicht durchsetzen. Diese Langsamen sollten einen Topf ganz für sich allein bekommen: Marokkanische Minze, Nane-Minze und Erdbeer-Minze.

Sonne oder Halbschatten, die Minzen vertragen beides gut. An einem vollsonnigen Standort dürfen die Töpfe jedoch nicht austrocknen!

Meine Minzen bekommen im Frühjahr eine Startdüngung mit Kompost oder Langzeitdünger und werden bis August alle 14 Tage gedüngt. Die Pflanzen sind auch im Topf winterhart. Zur Sicherheit hülle ich die Töpfe in Luftpolsterfolie ein. Alle zwei bis drei Jahre bekommen sie frische Erde.

'Mitcham' und auch einige andere Sorten sind an trockenen Standorten besonders anfällig für Minzrost (orangefarbene Blattflecken und Pusteln auf der Blattunterseite) und Echten Mehltau (weißer, mehliger Belag). Kranke Pflanzen werden sofort bis auf den Boden zurückgeschnitten und empfindliche Sorten jedes Jahr in neue Erde gesetzt. Das reduziert das Infektionsrisiko. Sehr robust ist die Sorte 'Multimentha'.

Eine Minze im Tee

Fast täglich koche ich mir im Sommer eine Tasse Minztee. Dafür schneide ich mir einzelne Zweige ab oder pflücke mir zwei, drei der großen Apfelminze-Blätter. Dabei liebe ich es, die verschiedenen Aromen der Minzen herauszuschmecken. Die milde Apfel-Minze, die erfrischende Pfeffer-Minze und die spritzige Zitronen-Minze. An sehr heißen Tagen verzichte ich auf heißen Tee, aber nicht auf die Minze. Die lasse ich in einem Krug mit kaltem Wasser schwimmen.

Kurz vor der Blüte steckt in den Blättern der höchste Gehalt an ätherischen Ölen. Dann schneide ich die Minzen bis auf den Boden zurück und trockne die Blätter. Dafür streife ich die Blätter von den Stielen und lege sie auf ein Tablett oder Blech aus. Ich trockne jede Sorte einzeln und mische sie mir dann nach Lust und Laune zusammen. So habe ich die Pfeffer-Minze für einen Heiltee und die Frucht-Minzen für einen erfrischenden Kräutertee.

Pfefferminztee wirkt krampflösend, appetitanregend und hilft bei Verdauungsstörungen. Das liegt am Wirkstoff Menthol. Auch bei Nervosität und Kopfschmerzen kann er Wunder wirken. Von einem Dauergebrauch ist jedoch abzuraten, da Menthol den Magen reizen kann. Die tägliche Tasse Minztee sollte besser aus mentholarmen Sorten gebrüht werden.

Doch es wird der Minze nicht gerecht, wenn man sie nur für Tee verwendet. In der asiatischen und orientalischen Küche ist sie ein beliebtes Küchenkraut, vergleichbar mit unserer Vorliebe für Petersilie. Ich mag die Minze in feine Streifen geschnitten mit gedünsteten Erbsen und in Gurken- oder Tomatensalat. Frucht-Minzen passen gut zu Süßspeisen, in Erfrischungsgetränke und Cocktails.

Englische Minzsoße

Zutaten:
4 EL gehackte Apfel-Minze (oder Pfeffer-Minze)
1 TL Zucker
3 EL Weinessig
1 Prise Salz

Minze und Zucker mit 1 EL heißem Wasser verrühren. Weinessig und Salz hinzufügen und mind. 30 Minuten ruhen lassen. Die Minzsoße wird traditionell zu Lamm gereicht, schmeckt aber auch mit Gemüse.

Grüne Thai-Soße

Zutaten:
je einen Bund mentholarme Minze, Koriander oder Petersilie und Thai-Basilikum
je 1 EL fein gehacktes Zitronengras
grüne Thai-Chilis und abgeriebene Limonenschale
5 Knoblauchzehen, 3 EL Limonensaft
1 EL Thai-Fischsoße und 200 ml Erdnussöl

Alle Zutaten pürieren. Für noch mehr thailändisches Aroma sorgen noch ein paar Curryblätter und Kaffir-Limettenblätter. Diese würzige Soße passt gut zu Fisch, Meeresfrüchten, Fleisch- und Geflügelgerichten.

Mojito

Den Saft einer Limette, 2 TL braunen Rohrzucker und etwa sieben Blätter einer mentholarmen Minze in ein Glas geben und mit einem Stößel zerdrücken. Eiswürfel oder besser zerstoßenes Eis, 4 cl weißen Rum und 2 cl Mineralwasser zugeben. Alles vorsichtig umrühren. Mit einem Minzezweig garniert und einem Trinkhalm servieren.

Aroma bewahren

Im Sommer ernte ich viele Minze- und Salbeiblätter, Ringelblumen, Kamille und Thymian. Die trockne ich, friere sie ein oder lege sie in Essig und Öl ein. So bewahre ich ihr Aroma bis zum nächsten Jahr, wenn es wieder frische Kräuter gibt.

Trocknen

Es gibt zwei Möglichkeiten, Kräuter zu trocknen.

1. Man bindet sie zu kleinen Sträußchen und hängt sie an einem luftigen Ort ohne direkte Sonne auf. Solche Kräutersträußchen sind zwar hübsch anzusehen, sollten aber nicht zu lange hängen. Wenn die Blätter rascheltrocken sind, werden sie von den Stängeln gerebelt.

2. Meine favorisierte Methode: Man zupft die Blätter von den Stängeln und legt sie auf Backblechen mit Backpapier aus. Die Bleche stelle ich auf einen hohen Schrank, wo die Kräuter innerhalb von zwei, drei Tagen trocknen. Nur nicht vergessen, sonst stauben sie dort oben ein! Noch schneller geht's im Backofen. Der Backofen wird für 24 Stunden auf 30 °C geheizt. Die Backofentür bleibt einen Spalt offen, damit die Feuchtigkeit entweichen kann. Die rascheltrockenen, noch grünen Blätter werden in verschließbare Gläser abgefüllt und etikettiert. An einem dunklen, trockenen und kühlen Ort halten sie sich etwa 12 Monate.

Einfrieren

Kleine Mengen friere ich auch ein, zum Beispiel von Dill oder Fenchel. Dafür hacke ich die Kräuter fein und friere sie portionsweise in kleinen Schachteln ein. Kräutereiswürfel mit gemischten Kräutern sind eine schnelle, frische Würze für Suppen und Saucen. Dafür gebe ich die fein gehackten Kräuter in einen Eiswürfelbereiter und fülle mit Wasser oder Brühe auf. Sind die Würfel gefroren, können sie in Gefrierbeutel verpackt werden.

Einlegen in Essig & Öl

Eine gute Handvoll gewaschene und gut abgetrocknete Kräuter, Blüten oder Samen werden in ein sauberes Einmachglas gefüllt und mit einem Liter mildem Weißweinessig (ich nehme gern Aceto Balsamico Bianco) oder Distelöl oder einem anderen Pflanzenöl aufgegossen. Olivenöl nehme ich seltener, denn es hat einen ziemlich kräftigen Eigengeschmack, dem nur mediterrane Kräuter gewachsen sind. Nach zwei Wochen an einen sonnigen Ort und täglichem Schütteln werden die Kräuter abgeseiht und die aromatisierte Flüssigkeit in saubere Flaschen gefüllt. Noch ein Zweiglein frisches Kraut hinein und schon ist das kleine Mitbringsel fertig. An einem kühlen, dunklen Ort hält sich das Selbstgemachte etwa sechs Monate.

Salbei, Thymian & Co.

Das frisch erstandene
Salbei-Pfänzchen wird
bei guter Pflege bald zu
einem großen Strauch.

Auf meinem Südbalkon sind mediterrane Kräuter ideale Begleiter. Denn sie kommen sehr gut mit der trockenen, warmen Luft zurecht. Mein Salbei (*Salvia*) ist mit den Jahren so groß geworden, dass er mittlerweile in einem 10-Liter-Topf steht! Den bekommen sonst nur Tomaten und Chili. Ich mag das harzige und leicht fruchtige Aroma der graugrünen Blätter, das sich nur bei viel Sonne und sparsamem Düngereinsatz entwickelt. In gut sortierten Gärtnereien gibt es eine große Auswahl verschiedener Salbei-Sorten: kompakt wie 'Nana', mit großen Blättern wie 'Berggarten', mit fast grausilbrigen Blättern wie 'Nazareth'. Auch die buntlaubigen Sorten sind hocharomatisch. Die Sorte 'Purpurascens' hat rote Blätter, 'Icterina' ist grün-weiß gescheckt und 'Tricolor' kommt gar dreifarbig daher: weiß, grün und rot.

Blätter und Triebspitzen können den Sommer über frisch gepflückt werden. Zum Trocknen wird der Salbei am besten vor der Blüte geschnitten, dann ist er am aromatischsten. Salbei ist mehrjährig und winterfest. Im Frühjahr schneide ich ihn kräftig zurück.

Von Juni bis August erscheinen die blauen Blüten an den Triebspitzen. Eine Handvoll zupfe ich mir vorsichtig ab und lege sie in milden Weißweinessig ein. Und dann gibt es eine Reaktion wie im Chemieunterricht: Der niedrige pH-Wert der Essigsäure färbt die blauen Blüten rosa ein. Nach ein paar Tagen wird der Essig abgeseiht und in Flaschen abgefüllt. Er passt gut zu Blattsalat „made on balcony".

Rosmarin

Kaum zu glauben, aber in Kräutergärtnereien gibt es nicht einfach nur Rosmarin (*Rosmarinus*). Man kann unter verschiedenen Sorten wählen. Sie unterscheiden sich in ihrer Frosthärte, ihrer mal mehr, mal weniger dichten Belaubung und ihrer Blütenfarbe. 'Arp' ist beispielsweise eine der frosthärtesten Sorten, sie übersteht bis zu −22 °C! Wer das Ungewöhnliche liebt oder seinem Sammlertrieb folgt, wird auch bei Rosmarin fündig: Rosmarin blüht normalerweise von März bis Juni blassblau. Die Sorte 'Majorca Pink' hat dagegen rosa Blüten. 'Haifa' und 'Santa Barbara' wachsen nicht aufrecht, sondern eher überhängend-kriechend. Sie machen sich besonders gut in Balkonkästen oder Blumenampeln. Damit die besonderen Rosmarin-Sorten auch gedeihen, brauchen sie einen sonnigen, geschützten Platz. Nicht alle sind in unseren Breiten sicher frostfest. Darum räume ich meinen Rosmarin Ende Oktober in ein helles, frostfreies Winterquartier.

Ich gebe die Rosmarinnadeln gern frisch an Tomatensoßen, Grill- oder Backofenkartoffeln. Rosmarin kann zwar auch getrocknet werden, nur verliert er dann an Aroma. Wenn doch mal

mehr Rosmarin da ist, zum Beispiel, wenn man ein Hochstämmchen erzieht, kann man damit Öl aromatisieren (zum Beispiel nach dem Grundrezept auf Seite 27).

Ein Rosmarin-Stämmchen kann man ganz einfach selbst formen. Dazu sucht man sich in der Gärtnerei eine junge Rosmarinpflanze mit einem geraden Mitteltrieb. Dieser Mitteltrieb wird an einen Stab geheftet und in der gewünschten Kronenhöhe gekappt. Alle übrigen Triebe werden entfernt. Bald treiben neue Zweige aus, von denen man drei bis fünf stehen lässt. Alle neuen Triebe kürzt man jeweils nach dem fünften Blatt ein. Das ergibt eine dichte Krone. Austriebe unterhalb der Krone werden entfernt.

Ysop

Wer mit Lavendel kein Glück hat, sollte unbedingt den Ysop ausprobieren. Das ist ein robustes, winterhartes Kraut. Ysop sieht Lavendel sogar ähnlich: blaue Blüten im Juli und August und schmale, aber grüne Blätter. Wenn der Ysop nach der Blüte nicht zurückgeschnitten wird, sät er sich selbst aus. Bei mir wachsen mittlerweile in mehreren Töpfen kleine Ysop-Stauden als Untermieter. Damit die Pflanzen kompakt bleiben, werden sie im Frühling um etwa ein bis zwei Drittel zurückgeschnitten. Die Art blüht lavendelblau. Abwechslung bringen die weißblühende Sorte 'Albus', die rosablühende Sorte 'Roseus' und die hellblaue Sorte 'Himmelblau'.

Ysop-Blätter sind leicht bitter. Ich gebe sie gern an Kartoffelgerichte. Sie passen auch gut zu Fisch, Fleisch und Geflügel.

Thymian

Thymian (*Thymus*) braucht viel Platz. Nicht etwa weil diese würzige Kraut so ausufernd wächst. Im Gegenteil, es ist sehr kompakt. Den Platz braucht man für die vielen unterschiedlich duftenden Sorten. Bei mir wachsen polsterförmige Sorten wie 'Golden Dwarf' und 'Compactus', denn die kommen mit den vollsonnigen, windigen Standortverhältnissen am besten klar. Dann habe ich noch einen „ganz normalen" Thymian (*Thymus vulgaris*). Seine würzig-harzigen, nadelähnlichen Blättchen sind unverzichtbar bei Fleisch- und Kartoffelgerichten. Zitronen-Thymian (*T. × citriodorus*) duftet zitronig. Meiner hat hellgrüne Blätter, es gibt ihn aber auch in Gelbgrün und Silbergrün. Die Sorte 'Orangenteppich' (*T. pulegioides*) bildet grüne, nach Orangen duftende Polster. Es gibt auch noch Thymian mit Rosen-, Kümmel- (*T. herba-barona*) und Lavendelduft (*T. thracius*). Von allen können die Blättchen in Kräutertee, zu herzhaften oder, im Fall der fruchtigen Thymiane, auch an Süßspeisen gegeben werden. Kurz vor der Blüte von Juni bis September ist Thymian besonders aromatisch. Dann wird er auch fürs Trocknen geerntet.

Oregano

Oregano-Blüten sind Hummelmagneten. Und wenn sich Hummeln und Bienen reichlich am Nektar bedient haben, ernte ich die Blütenstände. Denn die Blütenkelche sind viel aromatischer als die Blätter. Nach dem Rückschnitt treiben die Pflanzen noch einmal kräftig aus und es gibt sogar eine zweite Blüte im Herbst – das freut auch die

Hummeln. Oregano (*Origanum*) wächst sehr ausladend. Empfehlenswerte Sorten sind 'Hot and Spicy', 'Aromatico' mit karminroten Blütenständen und Griechischer Oregano (*Origanum heracleoticum*). Getrockneter Oregano ist übrigens die wichtigste Würze für Pizza und Tomatensaucen. Oregano ist nicht sicher winterhart und sollte hell und frostfrei überwintert werden, gleich neben dem Rosmarin.

Lorbeer

Für viele gehört auch ein Lorbeerbäumchen zum mediterranen Kräuterbalkon. Lorbeerbäume lassen sich sehr gut in Form schneiden. Die beste Zeit für den Formschnitt ist im Juni. Dabei fallen erfahrungsgemäß viele Blätter an, die getrocknet werden können. Einzelne frische Blätter können jederzeit geerntet werden. Der immergrüne Lorbeer ist in unseren Breiten nicht winterhart und wird in einem frostfreien, hellen Raum überwintert. Lorbeer ist kein einfaches Kraut. Er braucht einen großen „grünen Daumen" und viel Fingerspitzengefühl, vor allem beim Gießen. Denn die Bäumchen reagieren empfindlich auf zu trockene wie zu nasse Topferde. Im Frühjahr gibt es Lorbeerbäumchen meist als Schnäppchen im Supermarkt. Ich habe mir so schon öfter Schildläuse eingeschleppt. Die Schildläuse sitzen meist am Stamm und an den Blättern. Solche Bäumchen lässt man besser stehen.

AUSTERNPFLANZE

Kennengelernt habe ich die Austernpflanze (Mertensia maritima) in einer Blumenmischung für trockene Standorte. Ihre graublauen Blätter sind fleischig-sukkulent. Sie schmecken, sagen wir mal, ungewöhnlich nach Austern und Champignons. Dieses Aroma passt gut in Kräuterbutter, Frischkäse oder andere Brotaufstriche. Die Austernpflanze verträgt volle Sonne bis Halbschatten. Sie ist zwar mehrjährig, bei uns aber nicht sicher winterhart. Sie kann ausgesät oder als Pflanze erstanden werden.

GÄRTIPP

Lavendel

Lavendel (*Lavandula*) ist eine Sehnsuchtspflanze. Ihr blumiger Duft verspricht Sommer, Sonne und Urlaub. Nicht nur ich mag diesen unverwechselbaren Duft. Auch Hummeln und Bienen sind ganz verrückt nach den lilafarbenen Blüten. Wer viel Lavendel auf einen Schlag möchte, sät die Sorten 'Hidcote Blue' oder 'Lady' aus. Nach der Aussaat ist jedoch Geduld gefragt, denn die Samen brauchen sehr lange, bis sie aufgehen. Meine Lavendelaussaaten sind erst ein Jahr später (!) aufgegangen. Da hatte ich sie schon ganz vergessen. Für meine Ausdauer wurde ich mit sehr robusten Pflanzen belohnt. Aber wer will schon so lange warten? In der Regel ersteht man seinen Lavendel im Topf. Im Gartencenter ist 'Hidcote Blue' der Verkaufsschlager. Kräutergärtnereien bieten eine viel größere Auswahl an Sorten, auch in verschiedenen Farbtönen: die weiße Sorte 'Alba' oder rosa blühende wie 'Rosea' oder 'Miss Katherine', kompakt wachsende Sorten wie etwa 'Blue Cushion', sogar eine Sorte 'Cream & Green' mit cremeweiß gerandeten Blättern gibt es. Der Schopf-Lavendel (*Lavandula stoechas*), den es im Frühsommer oft gibt, ist nicht winterhart. Er braucht ein kühles, helles Winterquartier.

In der Provence, wo die Lavendelfelder bis an den Horizont reichen, gibt man die herben Lavendelblätter in geringen Mengen an Lamm und Fisch.

Stauende Nässe mag der Lavendel gar nicht. Darum wird die Topferde gut mit Splitt oder Blähton gelockert. So kann überschüssiges Wasser schnell abfließen. Die Halbsträucher sind zwar winterhart, brauchen jedoch einen Winterschutz aus Reisig oder Jutegewebe. Nach der Blüte im Juli schneidet man den Lavendel kräftig um etwa ein Drittel zurück. So bleibt er kompakt und buschig. Vergisst man den Rückschnitt, wird der Lavendelbusch mit der Zeit von unten her kahl und fällt auseinander. Schön ist dann nicht mehr anzusehen. Er treibt nur noch schwer aus dem alten Holz aus. Im Spätsommer oder Frühjahr kann man Stecklinge schneiden, um den Lavendel zu vermehren. Am besten eignen sich unverzweigte, noch biegsame Triebe, die nicht blühen. Die Blätter im unteren Triebdrittel werden entfernt und der Steckling bis zu den Blättern in Aussaaterde gesteckt. Den ersten Winter sollten die kleinen Lavendelpflanzen in einem hellen, frostfreien Raum verbringen.

Ich schneide den Lavendel zur Vollblüte. So kann ich gleichzeitig die Lavendelblüten ernten. Die Blütenstängel hänge ich zum Trocknen kopfüber in kleinen Sträußchen auf. Die getrockneten Lavendelblüten fülle ich dann in kleine Stoffsäckchen und lege sie in den Kleiderschrank und zwischen die Bettwäsche und die Handtücher. Ein paar Blüten behalte ich mir zurück, um damit Lavendelzucker zu mischen. Der passt gut in Schwarzen Tee, in geschlagene Sahne zum Erdbeerkuchen und in andere Süßspeisen.

Im Sommer sind die violettblauen Lavendel-blüten bevorzugter Landeplatz für Bienen und Hummeln.

Nur keine Langeweile

Langeweile kommt mit Kräutern selten auf. Nicht nur, dass sie ganz verschieden duften, mit roten, goldenen und panaschierten Auslesen kann man farbliche Blickpunkte auf dem Balkon setzen. Und die bunten Formen stehen ihrer grünblättrigen Verwandtschaft in Sachen Würze in nichts nach!

Goldene Blätter

Der Gold-Oregano 'Aureum' (*Origanum vulgare*) hat goldgelb leuchtendes Laub, das sich am besten in der Sonne ausprägt. Goldblättrig sind auch Zitronen-Melisse 'Aurea' und der Zitronen-Thymian 'Aureus'. Einen goldgelben Blattrand bringen Salbei 'Icterina' und Ingwer-Minze (*Mentha gentilis* 'Variegata') mit. Die Goldenen harmonieren mit Gelb- und Orangetönen, zum Beispiel Ringelblumen und gelbfrüchtige Tomaten, und mit Lilatönen, zum Beispiel lilafrüchtige Chili und Auberginen.

Purpurrote Blätter

Der Purpur-Salbei 'Purpurascens' (*Salvia officinalis*) ist Purpur mit einem Schuss Silbergrau. Fast violett sind die Basilikumsorten 'Rotes Krauses', 'Purple Ruffles' und 'Amethyst'. Rötlich überhaucht sind die zart gefiederten Blätter des Bronzefenchels und einige Basilikumsorten wie 'Magical Michael'. Rote und lilafarbene Nuancen passen gut zu graulaubigen Kräutern und rosablühenden Stauden.

Silber-Blätter

Edel silbern schimmern Eberraute (*Artemisia abrotanum*), Wermut (*Artemisia vulgaris*), Currykraut (*Helichrysum italicum*) und die Blätter des Heiligenkrauts (*Santolina chamaecyparissus*). Letzteres bringt im Sommer sonnengelbe Blütenköpfchen hervor. Graugrün gefärbt sind die Blätter von Salbei und Lavendel. Lila und Purpurrot sind gute Verbündete fürs Silbergrau. Dazwischen sollten aber auch ein paar hellgrüne Blätter blitzen, sonst wird es zu trist.

Zarte Blätter

Filigran sind die graugrünen Fiederblätter von Eberraute, Dill und Fenchel. Hellgrün, fast grasgrün ist das Olivenkraut (*Santolina rosmarinifolia*). Seine Blätter schmecken nach eingelegten Oliven und würzen Marinaden. Zart gefiederte Blätter kommen am besten im Kontrast zu großem Laub zur Geltung, zum Beispiel neben Sauer-Ampfer, großblättrigem Salbei und Mangold.

Schöne Blüten

Und vergessen wir vor lauter Blättern nicht die Blüten, die uns die Kräuter bescheren. Sie sind nicht nur ein Genuss fürs Auge, sondern auch für den Gaumen. Rosafarben blühen Duft-Pelargonien, Thymian, Bohnenkraut, Rosmarin und Schnittlauch. Leuchtend rot sind Frucht-Salbei und Indianernessel. Blaue oder lilafarbene Blüten haben Borretsch, Türkischer Drachenkopf (*Dracocephalum moldavica*), Salbei, Lavendel und Duftnessel. Gelbe und orangefarbene Blüten zieren das Heiligenkraut, Currykraut, Tripmadam, Gewürz-Tagetes und Ringelblume.

Blüten-Kräuter

Überrraschend scharf: Blüten, Blätter und unreife Samen der Kapuzinerkresse.

Na klar, man kann auch Blüten essen. Nicht alle, versteht sich, aber doch mehr als Sie jetzt denken. Und durch Blüten kommt noch einmal eine Extraportion Farbe auf den Naschbalkon. Zum Beispiel mit der **Kapuzinerkresse**, die im Sommer unermüdlich gelbe, rote und orange Blüten hervorbringt. Sie schmecken senfig-scharf mit einer überraschend süßlichen Note. Niedrige Mischungen gibt es für Balkonkästen, die rankenden Sorten eignen sich für Spaliere und Blumenampeln. Neuere Sorten blühen edel in Cremeweiß ('Milk Maid') oder samtigem Dunkelrot (z.B. 'Night & Day', 'Black Velvet'), dezent in Terrakotta (z.B. 'St. Clements', 'Vesuvius) oder kirschrot ('Cherry Rose Jewel'). Gesät wird ab Mai.

Borretsch ist bei Bienen und Hummeln sehr begehrt. Bei mir sät er sich jedes Jahr selbst aus. Die bis zu einem Meter hohen Pflanzen brauchen einen großen Topf und eventuell einen Stützstab. Die blauen Sternchenblüten haben kein aufregendes Aroma, sind aber ein Hingucker auf Salaten oder auf dem Quarkbrot. Die Sorte 'Alba' hat weiße Blüten. Auch die etwas kratzigen Borretschblätter könnte man essen. Wenn auch nur in geringen Mengen, denn sie enthalten krebsinduzierende Pyrrolizidine, die nach neuesten Erkenntnissen vermutlich über dem gesundheitsschädigenden Grenzwert liegen.

Mein absoluter Favorit unter den essbaren Blüten sind jedoch die **Ringelblumen**. Ihre orangefarbenen Blütenköpfe heben auch an Schlechtwettertagen im Herbst meine Laune. Neben den einfachen orangefarbenen Blüten gibt es Sorten mit gefüllten Blüten ('Candyman Orange', 'Neon'), mit hellgelben, dunkelorangenen Blüten mit braunen Spitzen ('Princess schwarzorange') oder hellrosa Blüten ('Touch of Red Buff'). Der Mix 'Zwerg Bonbon Mischung' wird mit 25 cm etwa halb so hoch wie die anderen Sorten. Die Blütenblätter zupfe ich ab, wenn die Blüten voll erblüht sind. Frische wie trockene Blüten färben, ähnlich wie Safran, Speisen ein oder sind die Grundlage für Ringelblumensalbe (siehe Seite 46). Ringelblume und Borretsch werden ab April gesät, wenn sie nicht schon von selbst aufgegangen sind.

Die niedrige **Gewürz-Tagetes** ist Untermieter in fast jedem größeren Topf. Sie ist relativ anspruchslos. Es gibt sie in Gelb ('Sol', 'Lemon Gem'), Orange ('Orange Gem') und Rot ('Red Gem', 'Paprika'). Gesät wird sie ab Mai. Wem das noch nicht genug Blütenreichtum ist, kann sich auch die folgenden Arten auf den Balkon holen: Dahlien, alle Kräuterblüten (z.B. Schnittlauch, Lavendel, Salbei, Minze), Bart-Nelke (z.B. 'Sooty'), Kürbis, Zucchini, Gurke, Sonnenblume, Pelargonien, Hornveilchen, Stiefmütterchen und Duft-Veilchen, Salat, Kohl und Radieschen, Löwenmäulchen, Schmuckkörbchen, Taglilien, Wegmalven.

Die Blüten der Kapuzinerkresse schmücken jeden Salat oder das einfache Butterbrot.

Und was macht man mit den Blüten?

Vor allem dekorieren, zum Beispiel Blattsalate, Butterbrote und Torten. Witzig sind auch Blüten-Eiswürfel, die im Wasser oder in der Bowle schwimmen. Die Blüten werden erst kurz vor der Verwendung gepflückt. Verblühtes hat nur noch wenig Aroma. Wenn ich nicht sicher bin, ob eine Blüte essbar ist, lasse ich lieber die Finger davon. Bei großen Blüten wie Ringelblume und Dahlie zupfe ich die Blütenblätter ab. Staubgefäße und Stängel werden nicht mitgegessen. In Kapuzinerkresseblüten verbergen sich gern kleine Käfer oder Blattläuse. Die schüttele ich vorsichtig raus. Kleine Blüten von Gewürztagetes und Kräutern können im Ganzen verwendet werden. Ringelblumen, Gewürz-Tagetes, Kornblumen und Malven trockne ich zügig und gebe sie zum Schmuck in meine Kräuterteemischung aus Minze, Melisse, Salbei und vielen anderen Kräutern.

Diese Blüten sind nicht essbar!
* ★ Kartoffel
* ★ Tomate
* ★ Paprika
* ★ Aubergine
* ★ Wicke
* ★ Akelei
* ★ Christrose
* ★ Maiglöckchen
* ★ Roter Fingerhut

Duft-Kräuter

Mein absolutes Duft-Highlight fernab von Kräutern sind die Duft-Pelargonien. Je nach Art und Sorte duften sie zitronig, rosig, minzig oder herb-würzig. Und sie hätten keinen Eingang in dieses Buch gefunden, wenn man sie nicht auch vernaschen könnte ... Gut, die Blüten der Duft-Pelargonien machen nicht viel her. Kein Vergleich zu den großen Blütenbällen der Balkon-Geranien. Aber die Blätter! Die lassen die Herzen von Duftpflanzenfreunden höher schlagen. Schon ein leichtes Streicheln reicht, dass kleine, ätherische Duftwölkchen aufsteigen. Nicht alle Duft-Pelargonien haben ein klares, eindeutiges Aroma. Darum macht ein Schnuppertest vor dem Kauf wirklich Sinn, um die richtige zu finden. Diese Sorten sind empfehlenswert: die zitronenduftenden 'Prince of Oranges', 'Lemon Fancy' und 'Queen of Lemons', die rosenduftende 'Attar of Roses' und die Muskat-oder Eichenholz-Geranie. 'Chocolate Peppermint' und Apfelduft-Pelargonie duften eher dezent nach Schoko und Apfel.

Duft-Pelargonien sind die passenden Mitbewohner für nach Süden ausgerichtete Balkone. Sie mögen die volle Sonne und vertragen auch mal Trockenheit. Blüten und vor allem die Blätter passen kleingeschnitten in viele Süßspeisen, z.B. Kuchen, Pudding und Konfitüre.

Die nicht winterharten Pflanzen werden hell und kühl überwintert, in einem ungeheizten Raum am Fenster. Das funktioniert gut, doch brauchen die Pelargonien auch im Winter viel Wasser! Im Frühjahr schneide ich die dünnen Wintertriebe zurück und gebe den Pflanzen frische Erde und gegebenenfalls einen größeren Topf. Ab Mai dürfen sie dann wieder in die Sommerfrische auf den Balkon.

Frucht-Salbei

Schon beim Gewürz-Salbei (siehe Seite 28) verbirgt sich unter dem herben Grundaroma eine leicht fruchtige Note. Einige seiner *Salvia*-Verwandten duften so intensiv fruchtig, dass sie die Fruchtnote auch im Namen tragen: Ananas-Salbei (*Salvia rutilans*), Limonen-Salbei (*S. lemonii*), Guaven-Salbei (*S. darcyi*), Honigmelonen-Salbei (*S. elegans*) oder Pfirsich-Salbei (*S. gregii*).

Frucht-Salbeie sind exotisch anmutende Pflanzen mit weichen Blättern und vielen rosafarbenen und roten Blüten, die sich ab dem Spätsommer einstellen. Sie sind anspruchsvoller als die Duft-Pelargonien und verlangen einen halbschattigen, warmen Platz. Im Sommer brauchen sie reichlich Wasser und Dünger, denn sie entwickeln sehr viele Blätter. Der exotische Salbei ist nicht winterfest und wird an einem kühlen, hellen Platz überwintert. Im Frühjahr schneidet man ihn zurück. Erst ab Ende Mai, wenn auch nachts die Temperaturen auf mehr als 5°C steigen, darf er wieder auf den Balkon. Mit Blättern und Blüten kann man sich einen fruchtigen Tee brühen oder Süßspeisen aromatisieren.

Schnuppern erlaubt! Viele Kräuter geben ihren Duft erst preis, wenn man ihnen mit der Nase ganz nahe kommt oder zart über die Blätter streicht.

Noch mehr essbare Duftpflanzen:

★ Rosen (Rosa)

★ Vanilleblume (Heliotropium arborescens)

★ Schokoladenblume (Berlandiera lyrata)

★ Duftsteinrich (Lobularia maritima)

Volle Sonne, tiefer Schatten

Nicht alle haben den idealen Balkon, der nach Westen oder Osten ausgerichtet ist. Meiner zeigt nach Südwesten und ist im Sommer glutheiß und trocken. Manchmal wünsche ich mir meinen alten Nordbalkon zurück, der schattig und kühl war. Aber auch der hatte seine Tücken. Zum Glück gibt's für beide Extremstandorte Pflanzenspezialisten.

Sonnenanbeter

Salbei, Thymian, Rosmarin, Oregano und Winter-Bohnenkraut lieben sonnige Plätze und kommen auch auf der Südseite gut klar. Einen exponierten, krachend sonnigen Standort mögen auch Wermut, Indianernessel und Tripmadam. Die silbergrauen, gefiederten Blätter des Wermuts (*Artemisia absinthium*) bringen mal eine andere Laubfarbe auf den Balkon. **Wermut** ist ein typisches Bitterkraut, das in fettreichen Speisen mitgegart wird. Die Eberraute (*Artemisia abrotanum*) hat seidenweiche Blättchen und duftet angenehm süßlich-herb nach Cola und Lakritz. Aus den Blättern wird schmackhafter Tee gebraut. Die Eberraute darf nicht austrocknen. Beide Artemisien sind winterhart, im Frühjahr werden trockene Triebe zurückgeschnitten.

Wermut blüht im Sommer mit kleinen, gelben Blütenköpfchen.

Die **Indianernessel** (*Monarda didyma*) hat auffallende, quirlähnliche Blütenstände in Rosa bis Scharlachrot. Die zitronenduftenden Blätter und Blütenstände aromatisieren süße Speisen und Tees dezenter als Zitronen-Melisse oder Zitronenverbene. Trockenheit vertragen die mehrjährige Gelbe Monarde (*Monarda punctata*) und die einjährige Präriebergamotte (*Monarda citriodora*). Alle Monarden werden im Frühjahr gesät.

Tripmadam (*Sedum reflexum*) ist ein *Sedum*-Gewächs mit kleinen, fleischigen Blättern und gelber Blüte im Sommer. Sie passt auf den Sonnen- wie den Schattenbalkon, denn die höchst anspruchslose Pflanze ist sehr flexibel, wenn es um Licht geht. Klar, wächst sie in der Sonne besser! Geerntet werden die leicht säuerlich schmeckenden Blätter, die ganz oder fein gehackt zu Salat, Quark oder Suppe gegeben werden.

Schattenparker

Als Waldpflanze mag es der Waldmeister (*Galium odoratum*) halbschattig bis schattig und feucht. Die Aussaat ist schwierig, darum kaufe ich mir im Frühjahr immer ein, zwei Pflanzen und stelle sie an die schattigste Stelle auf meinem Balkon. Leider ist es ihm bei mir im Sommer zu trocken, sodass ich die Blätter bald ernte und daraus eine Waldmeisterbowle ansetze. Für den typischen Waldmeister-Duft sind Kumarine verantwortlich, die erst freigesetzt werden, wenn das Kraut welkt. Aber: Waldmeister kann Kopfschmerzen auslösen, wenn man ihn zu hoch dosiert oder andauernd einnimmt. Pro Liter Flüssigkeit (also Wein, Milch, Sahne etc.) dürfen maximal 3 g Waldmeisterkraut genommen werden.

Mehr Schattenparker:
★ **Sibirischer Portulak**
  (*Montia sibirica*)
★ **Bärlauch**
  (*Allium ursinum*,
  siehe Seite 43)
★ **Brunnenkresse**
  (*Nasturtium officinale*,
  siehe Seite 43)

Wilder Frühling

Lust auf zarten Kerbel, würzige Brunnenkresse oder knoblauchigen Bärlauch? Diese und andere wildhafte Kräuter fühlen sich auf eher halbschattigen Balkonen wohl. Am besten schmecken sie im Frühling, geerntet werden kann jedoch bis in den Herbst.

Die grob gesägten Blättchen der **Pimpinelle** (*Sanguisorba minor*) haben einen nussähnlichen Geschmack und duften nach frischen Gurken. Sie passen gut zu Gemüse, Fisch und Fleisch, sollten aber nicht mitgekocht

werden. Wegen ihrer rötlichen Blütenköpfe wird sie auch Kleiner Wiesen-
knopf genannt. Ab April kann direkt in Töpfe gesät werden. Die Pimpinelle
ist mehrjährig.

Sauer-Ampfer (*Rumex acetosa*) schmeckt angenehm säuerlich. Ich
gebe ihn mit anderen Frühlingskräutern in gemischte Blattsalate oder in
Frischkäse. Etwas milder ist der **Blut-Ampfer** (*Rumex sanguineus*).
Seine Blätter sind mit purpurroten Adern durchzogen. Beide Ampfer-Arten
können ab April direkt gesät werden. Sie mögen ihre Erde immer etwas
feucht. Eine gelegentliche Düngergabe tut ihnen gut. Vorsicht: Ampfer
enthält Oxalsäure, die die Aufnahme von Kalzium unterbindet. Er sollte
darum nicht über einen längeren Zeitraum verzehrt werden.

Brunnen- oder Bachkresse (*Nasturtium officinale*) wächst in der
Natur an Bächen mit klarem, sauerstoffreichem Wasser. Diesen Standort
versucht man, so gut es geht, auf dem Balkon nachzustellen. Zum Beispiel
mit einer tiefen Schale Wasser. In diese Schale werden die Samen gesät.
Düngen ist nicht notwendig, aber ab und an sollte das Wasser ausgetauscht
werden. Geerntet werden die 10 cm langen, blütenlosen Triebe und in
Frühlingssuppen und in Quark gegeben oder als Pesto verwendet.

Die feinen, weichen, gefiederten Blättchen des **Kerbels** (*Anthriscus
cerefolium*) erinnern im Geschmack an Anis und Petersilie. Das passt gut
zu feinen Suppen, Frischkäse und Quark. Den Kerbel gebe ich immer
erst am Ende der Garzeit zu, er verliert sonst rasch sein zartes Aroma. Das
einjährige Kraut kann ab Ende März ausgesät werden. Für eine stete Ernte
können die nächsten Aussaaten alle drei bis vier Wochen folgen. Kerbel
beginnt schnell zu blühen. Probieren Sie auch die noch geschlossenen
Blütendolden, sie sind fast noch aromatischer als die Blättchen.

Bärlauch (*Allium ursinum*) hat einen angenehmen Geschmack nach
Knoblauch. Er gehört zu den ersten Kräutern im Jahr. Nach der Blüte
ziehen die Blätter ein. Dann wird der „leere" Topf einfach bis zum kommen-
den Frühjahr in die hintere Reihe gestellt.

Es gibt zwei Möglichkeiten, sich den Schnittlauch-Verwandten auf den
Balkon zu holen: aussäen oder Töpfchen kaufen. Bärlauch wird anders als
die anderen Kräuter nicht im Frühjahr, sondern im Herbst gesät. Haben
Sie Geduld, erst im März treibt der Bärlauch aus. Oder Sie kaufen sich im
Frühjahr ein, zwei Töpfchen und setzen die Zwiebeln ein. Die Pflanzen im
Wald auszugraben, ist tabu!

**Bärlauch ist ein Kalt-
keimer und braucht
winterliche Tempera-
turen um die 4 °C. Das
baut die keimhemmen-
den Stoffe im Samen
ab. Sobald im Frühling
die Temperatur steigt,
keimen die Samen.**

Wohlfühl-Rezepte

Ein paar Minzblättchen gegen Magengrimmen oder ein, zwei Salbeiblätter bei Heiserkeit, die kann ich mal eben schnell auf dem Balkon ernten. Welche Kräuter ebenfalls „magische" Kräfte besitzen, lesen Sie hier.

Für eine Tasse Tee etwa 1 EL frische oder 1 TL getrocknete Kräuterblätter mit sprudelnd kochendem Wasser aufbrühen und 5 Minuten ziehen lassen.

KRÄUTERBITTER

1 ½ Tassen Zucker und ¼ Tasse Wasser aufkochen, bis der Zucker aufgelöst ist. Den Sirup abkühlen lassen und über etwa vier Tassen frische Kräuter geben und eventuell im Mixer hacken. Mit etwa 1 Liter 40%igem Alkohol (z.B. Wodka oder Doppelkorn) auffüllen und an einem dunklen Ort ruhen lassen. Schütteln Sie die Flasche ab und zu. Nach ein bis zwei Tagen (frische Kräuter) oder einer Woche (getrocknete Kräuter) können Sie den Ansatz abseihen und in Flaschen abfüllen.

Kopfschmerzen & Schlafstörungen

Lavendelblüten und Zitronen-Melisse beruhigen bei Kopfschmerzen, Migräne, nervöser Anspannung und unruhigen Nächten. Wer Lavendel nicht mag, probiert Waldmeister. Ein Tee aus kühlender Pfeffer-Minze hilft bei Kopfschmerzen oder Migräne.

Verdauung

Basilikum, Rosmarin, Oregano, Thymian und andere mediterrane Kräuter fördern die Verdauung, auch schon in kleinen Mengen an Speisen. Wenn der Magen doch mal ziept, helfen Tees aus Kamille oder Pfeffer-Minze. Gegen Blähungen hilft ein Mix aus je einem Teil Fenchel- und Koriandersamen. Für einen Tee werden die Samen mit einem Mörser leicht zerdrückt. Kräuterliköre sind appetitanregend und verdauungsfördernd. Angesetzt werden sie mit frischen oder getrockneten Kräutern und Gewürzen. Probieren Sie Minze, Melisse, Verbene, Duft-Pelargonien und Basilikum. Für einen Kräuterbitter eignen sich Wermut, Eberraute und Weinraute.

Erkältungen

Kräuter gegen Husten sind Majoran, Thymian und Salbei. Ein Teeaufguss wird mit 2 TL getrocknetem Kraut pro Tasse zubereitet (Ziehzeit etwa 10 Minuten). Trinken Sie den Tee mit etwas Honig schluckweise. Ein Dampfbad mit Kamillenblüten macht verstopfte Nasen frei. Dafür werden 2 EL Kamillenblüten mit heißem Wasser überbrüht und der Dampf etwa 10 Minuten inhaliert. Hat die Erkältung voll zuge-schlagen, hilft eine Dampfbad-Mischung aus Kamillen-blüten, Oregano und Thymian.

Heilende Salben & Cremes

Nicht nur für die innere Anwendung findet sich Heilendes auf Balkonien. Ringelblumen, Salbei und Kamille helfen gestresster und unreiner Haut. Und die selbstgemachte Kräuterseife ist ein kleines Mitbringsel für liebe Freunde.

Unreine Haut

Für das Ringelblumendampfbad 1 Handvoll Ringelblumenblüten mit 1 l kochendem Wasser überbrühen. 2- bis 3-mal am Tag für etwa 10 Minuten anwenden. Für ein Salbei-Peeling 2 EL getrockneten Salbei mit einer Tasse kochendem Wasser übergießen und 10 Minuten abgedeckt ziehen lassen. Tee abseihen und mit 2 EL Hafermehl und 2 EL gemahlenen Mandeln zu einer glatten Creme verrühren.

Ringelblumensalbe

100 g Vaseline im Wasserbad schmelzen und 20 g getrocknete oder 50 g frische Ringelblumenblüten hinzugeben. Den Salbenansatz zwei bis drei Stunden unter häufigem Rühren bei milder Hitze ziehen lassen. Vorsicht, er darf nicht kochen! Ringelblumen abseihen und gut ausdrücken. Die Salbenmasse solange weiterrühren, bis sie fast erstarrt ist, dann in saubere Schraubgläser oder Cremetiegel füllen. Kühl und lichtgeschützt ist die Salbe etwa drei Monate haltbar.

Kamillencreme für trockene Haut

100 g Bienenwachs im Wasserbad schmelzen. 25 ml Olivenöl, 30 ml Wasser und 20 g frische oder 50 g getrocknete Kamillenblüten zugeben. Die Mischung für zwei bis drei Stunden auf dem Herd warmhalten und immer wieder umrühren. Die Kamille durch ein feines Sieb oder Mulltuch abseihen. Die gefilterte Creme so lange rühren, bis sie erkaltet ist. Sobald sie fest wird, kann sie in Cremetiegel oder Schraubgläser umgefüllt werden. Im Kühlschrank ist die Kamillencreme etwa zwei Monate haltbar. So macht man auch Cremes mit Ringelblumen oder Lavendel.

Kräuterseife

Eine parfümfreie, milde Körperseife (z.B. eine Babyseife) wird in Flocken geraspelt und im Wasserbad unter ständigem Rühren erwärmt, bis sie flüssig ist. Dann werden 4–5 EL eines kalten, starken Kräutersuds hinzugefügt. Der Kräutersud wird aus einer Tasse Wasser und einer Handvoll Kräutern, z.B. Rosmarin, Kamille, Lavendel, Duft-Pelargonie und Zitronenverbene (frisch oder getrocknet) hergestellt. Zur Seifenmischung kommt noch der Saft einer halben Zitrone, nach Belieben ein paar Tropfen Duftöl oder getrocknete Kräuter. Die Seifenmasse etwas abkühlen lassen, bis sie breiig ist, und zu kleinen Kugeln oder Blöcken formen. Die Seifenkugeln müssen an einem warmen Ort für mehrere Stunden trocknen. Dann können sie mit feuchten Händen geglättet werden und nochmals getrocknet werden. Nach weiteren 24 Stunden werden die Seifen in Seidenpapier gewickelt und an einem trockenen Ort aufbewahrt.

Schnell mal Gemüse ernten

Gemüse schenkt uns leckere Gaumenfreuden und das den ganzen Sommer über! In Gefäßen, ob neu gekauft oder trendig recycelt, gedeihen selbstgezogene Tomaten, in der Gärtnerei erstandene Kohlrabi- und Salatsetzlinge und sogar Zucchini. Auf den folgenden Seiten gibt es Sorteninfos und kleine Kniffe, wie Sie schnell und vor allem viel Gemüse vom eigenen Balkon ernten können.

Für Salat ist immer Platz

Salat passt in Balkonkästen und Töpfe mit mindestens 15 cm Durchmesser. Und für die ist auch auf kleinen Balkonen Platz. Auf meinem Südbalkon lohnt der Anbau nur im Frühjahr und im Herbst, denn im Sommer ist es dem Salat bei mir zu heiß und er blüht, bevor er genügend große Blätter hervorgebracht hat. Doch diese kurzen Erntephasen lohnen allemal: Denn von neun in der Gärtnerei erstandenen Pflücksalat-Setzlingen kann ich fast jede Woche einen gemischten Blattsalat für 4 Personen zubereiten! Und das nur, indem ich jeweils die zwei äußersten Blätter ernte. Die Blätter wachsen immer wieder nach. Kopfsalate und Romanasalate brauchen etwas mehr Zeit bis zur Ernte und auch größere Töpfe von etwa 20 cm Durchmesser.

Es gibt viele verschiedene Sorten mit grünen oder roten, glatten, gewellten oder gekrausten Blättern. Die klassischen Pflücksalate sind immer noch der 'Amerikanische Braune', der 'Australische Gelbe' und 'Lollo Rosso'. Die gibt es im Frühjahr oft als Setzlinge in Gärtnereien und Gartencentern. Ich mag auch die alten, ungewöhnlichen Sorten wie 'Teufelsohren', 'Rehzunge' und 'Hohlblättriger Butter'.

Im Frühling tauschen wir unsere überzähligen Setzlinge auf einer Pflanzen-Tauschbörse ein.

Salat ist genügsam. Bei mir bekommt er die Erde vom letzten Jahr, in der Tomaten und Chilis standen. Das reicht ihm völlig aus. Nach der ersten Ernte gibt's eine Gabe flüssigen Volldünger. Wer von Frühling bis Spätherbst Salat ernten möchte, sät am besten alle 14 Tage eine neue Runde in Kasten oder Topf aus. Die meisten Pflücksalate sind auch im Sommer relativ schossfest, zum Beispiel 'Lollo Rosso', 'Red Salad Bowl' und 'Amerikanischer Brauner'.

SALATSORTEN FÜR DEN BALKONKASTEN

Salatsorte	Typ	Besonderheit
'Amerikanischer Brauner'	Pflücksalat	rotbraune, gewellte Blätter
'Counter'	Romanasalat	kleine, feste Köpfe, schossfest
'Gelber Krauser'	Schnittsalat	gelbgrüne, gekrauste Blätter
'Hohlblättriger Butter'	Pflücksalat	löffelförmige, zarte, gelbgrüne Blätter
'Lattughino Rosso'	Pflücksalat	leicht gewellte, rote Blätter
'Lollo Rosso'	Kopf- oder Schnittsalat	rote, stark gekrauste Blätter, schossfest
'Mona'	Kopfsalat	Anbau von Frühjahr bis Herbst, schossfest
'Mordore'	Romanasalat	dunkelrote Blattspitzen, schmaler Kopf
'Navara'	Eichblattsalat	rote, gelappte Blätter
'Rosinski'	Batavia	rotgrüne Blätter, schossfest
'Teufelsohren'	Pflück- oder Kopfsalat	lange, spitz zu laufende Blätter mit roten Spitzen

Besondere Salate

Blattzichorien, Rucola, Radicchio und Hirschhornwegerich sind typische italienische Blattsalate. Hirschhornwegerich (*Plantago coronopus*) ist mehrjährig und mit Spitz- und Breitwegerich verwandt. Seine Blätter sind leicht bitter und können sowohl roh als auch kurz in der Pfanne gegart gegessen werden. Würzig-scharfe Asia-Salate wachsen ebenso schnell wie Pflücksalat. Sie können zwar das ganze Jahr über angebaut werden, im Sommer neigen sie aber dazu, vorzeitig zu blühen. An einem halbschattigen, kühlen Platz verzögert sich die Blüte. Sie sind mit Raps und Kohl verwandt. Es gibt scharfen Senfkohl (z.B. 'Amchoi' und 'Red Mustard'), zart gefiederten Blattkohl (z.B. 'Mizuna') und den milden, kohlähnlichen Pak Choi. Ich säe die Asia-Salate in manchen Jahren an den Rand der großen Tomatenkübel. Neuseeländer Spinat (*Tetragonia tetragonioides*) wird erst ab Mitte Mai ausgesät. Anfangs entwickelt er sich nur langsam, später versorgt er mich im Sommer und Herbst mit frischen spinatähnlichen Blättchen.

Die vielgestaltigen Blätter von Mizuna & Co. bringen Abwechslung in den Blattsalat.

Kohlrabi & Zucker-Erbsen

Zu meinen Frühlingsfavoriten gehört der lilablaue Kohlrabi. Neben dem gelbgrün gekrausten Pflücksalat macht er sich sehr gut. Den weißgrünen Kohlrabi setze ich gern zum rotlaubigen Salat. Kohlrabi kann von Frühjahr bis Herbst gesät werden. Für den Topf sind die raschwüchsigen Sorten gut geeignet, etwa die blauen 'Blaro' und 'Azur Star' oder die weißen 'Lanro' und 'Delikatess Weiß'. Sie bleiben zart und verholzen nicht so schnell. Ich decke mich gern in der Gärtnerei mit Setzlingen ein. Denn dann ist schon nach wenigen Wochen Erntezeit.

Zucker-Erbsen sind eine besondere Nascherei. Die flachen Schoten sind zuckersüß und können im Ganzen gegessen werden. Die Pflanzen gedeihen am besten auf halbschattigen, relativ kühlen Balkonen. Frühe Sorten wie 'Delikata' und 'Ambrosia' können schon im März gesät werden. Sie sind auch widerstandsfähig gegenüber dem Echten Mehltau, der vor allem auf vollsonnigen Balkonen zuschlägt. Folgesaaten sind bis Juni möglich. Mark-Erbsen lasse ich so lange hängen, bis die

Schoten aufgeblasen und die grünen Erbsenkörner groß sind. Dann werden sie geerntet und aus der Schale gepult. 'Wunder von Kelvedon' ist eine niedrige, früh reifende Sorte. Robust sind auch 'Remus', 'Vitara' und 'Bördi'.

Erbsen sind relativ anspruchslos und können in der Erde vom Vorjahr wachsen. Sobald sich die ersten Früchte zeigen, wird alle 14 Tage flüssig gedüngt. Erbsen haben kleine Ranken, mit denen sie sich aneinander festhalten. Damit sie nicht durch ihr Eigengewicht kippen, gibt man ihnen schon bei der Aussaat eine Stütze aus Reisig oder Stäben.

Mangold

Buntstielige Mangoldsorten sind so schön, dass ich sie zwischen meine Sommerblumen setze. Die Stiele der Sortenmischung 'Bright Lights' sind abwechslungsreich gefärbt: weiß, rosa, pink, gelb und rot. Ich säe die Mischung ab April immer in einer Schale vor. So kann ich dann die Farben gut sortieren, denn schon die Sämlinge sind quietschbunt. Dunkelrote Stiele und dunkelgrüne Blätter mit einem Hauch Rot haben die Sorten 'Vulkan' und 'Rhubarb Chard'. Bei 'Lucullus' sind die Stiele weiß und die Blätter grün. Fast zu schade zum Ernten! Darum erntet man am besten schonend: immer nur die äußeren, voll ausgebildeten Blätter. Der Rest bleibt stehen und kann sich erholen.

Ein zarter gelbgrüner Blattmangold ist 'Hunsrücker Schnitt'. Er wird etwas dichter gesät und dann wie Pflücksalat geerntet.

Mangold braucht viel Wasser und wöchentlich eine Gabe flüssigen Volldünger. In manchen Jahren machen ihm Echter Mehltau und Rübenfliegen zu schaffen. Von Mehltau weiß überpuderte Blätter schneide ich sofort weg. Die Larven der Rübenfliegen fressen Gänge in die Blätter, sogenannte Minen. Bei vereinzelten Minen zerdrücke ich die Larven in den Minen. Bei starkem Befall schneide ich die Blätter ab.

DAS AUGE ISST MIT

Es gibt viele Gemüsesorten, die durch eine ungewöhnliche Farbe auffallen. Beispiele für die Gemüse auf dieser Seite sind Erbsen-sorten mit lila Schoten, wie die Zucker-Erbse 'Shiraz' und die Mark-Erbse 'Blauschokker', Radieschen in Weiß ('Albena'), Gelb ('Zlata') und Lila ('Viola') und blaulila Kohlrabi. Auch auf den folgenden Seiten gibt's außergewöhnlich gefärbte Gemüsesorten. Lassen Sie den Standard hinter sich und setzen Sie auf farbige Hingucker!

Wenn Radieschen blühen, bilden sich bald kleine scharfe Schötchen, die sehr knackig und mild-scharf sind (Bild rechts).

Radieschen

Die Spinatsorte 'Red Cardinal' hat zarte rote Blattstiele. Die jungen Blättchen werden roh in gemischte Blattsalate gegeben.

Schon im März können die ersten Radieschen gesät werden. Wie auch beim Salat wird für eine stete Ernte alle 14 Tage eine neue Runde gesät. Sogenannte Ganzjahres-Radieschen wie 'Sora' und 'Topsi' wachsen auch in heißen Sommermonaten zu kleinen, runden, zarten Knollen heran. Die rot-weißen Radieschen 'French Breakfast' und 'Poloneza' sind eher für den Frühjahrs- oder Herbstanbau. Sie beginnen im Sommer schnell zu blühen, ohne auch nur ansatzweise eine essbare Knolle zu bilden. Auch wenn die Sämlinge zu dicht stehen, können sich keine Knollen entwickeln. Wichtig ist auch, regelmäßig zu gießen, sonst werden die Radieschen schnell holzig oder platzen auf. Die längeren, weißen 'Eiszapfen' brauchen ein mindestens 30 cm tiefes Gefäß.

Ich lasse meine Radieschen im Sommer absichtlich blühen. Die weißen oder rosa Blüten schmecken würzig-süß. Erstaunlich, wie viele Blüten so ein kleines Radieschen trägt! Bald bilden sich kleine Schötchen, die ungewöhnlich scharf sind. Genau richtig für die, die lieber pikant naschen, oder Frischkäse und Salate aufpeppen wollen.

Spinat & Feldsalat

Auch im Winter brauche ich auf Gemüse nicht zu verzichten. Wie im Garten werden bis Ende September Feldsalat und Spinat gesät. Sind Töpfe und Kästen dann noch von anderem Gemüse besetzt, ziehe ich Spinat & Co. einfach in Schalen vor. Geeignet sind alle frostfesten Sorten. Bei Spinat sind das unter anderem 'Matador' und 'Monnopa', bei Feldsalat 'Vit' und 'Favor'. Wenn die Töpfe im Oktober leer sind, ziehen Spinat und Feldsalat um. Ich setze kleinere Tuffs mit bis zu fünf Setzlingen um. Das geht schneller. Bis zum Frosteinbruch entwickeln sich noch Rosetten, die an frostfreien Tagen geerntet werden können. Die Blättchen gebe ich roh in Blattsalat oder peppe damit ein Gemüsegericht oder ein Omelette auf.

Wenn im Frühling noch einmal Spätfröste drohen, decke ich die Kästen mit den frühen Aussaaten und Setzlingen mit Vlies ab.

Gemüse über den Winter bringen

Mangold, Feldsalat, Spinat, Winterheckenzwiebel (auf Seite 76) und Grünkohl (auf Seite 78) sind frosthart. Sie liefern an frostfreien Wintertagen und im zeitigen Frühjahr das erste frische, gesunde Grün. Die Töpfe werden in Luftpolsterfolie eingehüllt und mit Vlies oder Jute abgedeckt. So überstehen sie den Winter. Wichtig ist, dass sie auch im Winter an frostfreien Tagen gegossen werden.

GEMÜSE BRAUCHT SONNE

Auf Ost- und Westbalkonen bekommt Gemüse genügend Sonnenschein. Für alle sonnenhungrigen Fruchtgemüse ist ein Südbalkon ideal, denn die Sonne scheint hier von etwa 10 Uhr vormittags bis in den frühen Nachmittag hinein. Auf einem Nordbalkon wird es schon etwas schwieriger, denn die Sonne gibt sich nur morgens und abends ein Stelldichein. Blattgemüse wie Salat und Mangold kommen dennoch gut klar. Und dort, wo die Sonne am längsten hinscheint, werden Tomaten, Erbsen, Radieschen und Kohlrabi aufgestellt.

Eine bunte Mischung

Wer genügend Platz auf Balkon oder Terrasse hat, kann sich aus Holzleisten ein etwa 30 bis 40 cm hohes Beet bauen. Das gibt im Gegensatz zu vielen einzelnen Töpfen nicht nur ein ruhigeres Bild, sondern hat auch Vorteile für die Pflanzen, die darin wachsen.

Denn in einem solchen Beet bleibt die Erde länger feucht und es muss nicht so oft gegossen werden. Die Wurzeln können sich ungehindert ausbreiten, ohne gleich an eine Topfgrenze zu stoßen. Wichtig ist, dass überschüssiges Wasser über Abflusslöcher am Boden abfließen kann. Es muss nicht gleich ein Hochbeet sein, auch in großen Kübeln und

Kästen gelingt die bunte Mischkultur. Für mich hat meine wilde Töpfesammlung auch einen Vorteil, denn ich bin ein Räumer. Ich arrangiere meine Töpfe immer wieder neu, je nachdem, welche Pflanzen ich gerade gern sehen und beobachten möchte.

> Hochbeete sind eine feine Sache, denn in ihnen haben die Pflanzenwurzeln genügend Platz, sich auszubreiten. Und man spart Gießwasser.

Der kleine Aussaattopf ist schnell durchwurzelt und trocknet aus. Ich setze die Sämlinge dann in weitem Abstand in einen großen Topf.

Hier ein paar Geling-Tipps für die Mischkultur:

 Töpfe sollten wenigstens einen Durchmesser von 40 cm haben, Kästen mindestens 30 cm breit und tief sein.

Nicht zu dicht pflanzen: Setzlinge verführen uns oft dazu, sie viel zu dicht nebeneinander zu setzen. Sie sind ja noch so klein und der Kasten ist sonst so leer! Doch gerade Salate legen schnell an Umfang und Blattmasse zu und überwuchern bald die Studentenblume oder gar die Tomate, die anfangs langsamer wächst. Auch wenn es zunächst komisch aussieht, ich lasse etwa 10 bis 15 cm Abstand zwischen den Setzlingen.

 Die hohen Pflanzen, sozusagen die Hauptkulturen kommen in die Mitte oder in den Hintergrund, wenn das Gefäß an der Wand steht. Drumherum bzw. davor werden die niedrigen Pflanzen gesetzt, aber erst wenn die Hauptkultur schon etwas gewachsen ist.

 Gemüse und Kräuter haben einen unterschiedlichen Nährstoffbedarf. Starkzehrende Arten wie Tomaten, Kohl und Zucchini bekommen beim Pflanzen einen Langzeitdünger und werden in der Saison nachgedüngt. Das schont Kräuter, Salate und Radieschen, die nicht so viele Nährstoffe brauchen bzw. empfindlich auf zu viel Dünger reagieren.

Tomaten

Im Februar frage ich mich immer wieder auf's
Neue: Welche Sorten dürfen es denn diesmal
sein? Ich habe ja nur begrenzt Platz und möchte
auch mal neue Sorten ausprobieren. Die Auswahl
an Tomatensorten ist fast unüberschaubar und
jedes Jahr kommen neue dazu. Saatguthändler
und spezialisierte Erhalter von Tomatensorten
haben umfangreiche Sortenlisten, die ich gern
durchstöbere. Aber welche passen nun auf den
Balkon und kommen mit der Kultur im Kübel gut
klar? Grundsätzlich wachsen alle Sorten im
Topf. Bei den großfruchtigen Stabtomaten wie
'Ochsenherz' sollte der Topf jedoch wenigsten
30 Liter Inhalt fassen, damit die Pflanzen gut versorgt sind. Unkomplizierter sind Cocktailtomaten
und Buschtomaten. Bei Cocktailtomaten wachsen
die kleinen Tomatenfrüchte in mehr oder weniger
langen Rispen und reifen kontinuierlich. So gibt
es über einen längeren Zeitraum immer was zu

ernten. Buschtomaten bleiben mit etwa 150 cm
Wuchshöhe relativ kompakt. Sie sind pflegeleicht,
denn die Seitentriebe brauchen nicht ausgegeizt
zu werden. Ich achte bei der Sortenwahl auf die
Wuchshöhe, die Reifezeit der Früchte und Krank-
heitsresistenzen.

Auch für den Mini-Balkon gibt's die passenden
Sorten: Mini-Tomaten wie 'Tiny Tim' und 'Balconi
Yellow' werden nur zwischen 25 und 40 cm hoch.
Sie können gut mit Kräutern, Ringelblumen und
Studentenblumen in einen großen Balkonkasten
gesetzt werden. Wiederentdeckt wurden die
blauen und lilafarbenen Tomaten. Sie entstam-
men Kreuzungen mit lilafarbenen Wildtomaten
und enthalten besonders viel gesundes Antho-
zyan. Es gibt sie in verschiedenen Fruchtgrößen:
von der winzigen Wildtomate bis zur normal-
früchtigen Tomate (z.B. 'Indigo Rose').

Veredelte Tomaten

Veredelte Tomaten sind wüchsiger und weniger anfällig gegenüber Wurzelkrankheiten. Dafür werden schon die Jungpflanzen miteinander verbunden, wenn sie etwa 10 cm groß sind. Die Unterlage ist eine robuste, wurzelstarke Sorte, zum Beispiel 'Vigomax'. Sie wird eine Woche vor den zu veredelnden Tomatensorten ausgesät. Jede Tomatensorte kann veredelt werden, am meisten lohnt es sich jedoch bei schwachwachsenden oder anfälligen Sorten, die dennoch gute, aromareiche Früchte tragen. Veredelte Tomaten und auch Veredlungssets gibt es im Handel. Wichtig: Das Tomaten-Duo darf nur so tief gesetzt werden, dass die Veredlungsstelle oberhalb der Erde liegt. Sonst beginnt auch die Edelsorte, Wurzeln zu bilden, und die Veredlung war umsonst. Veredelte Pflanzen gibt es auch bei Paprika, Gurken und Auberginen.

Eine große Auswahl an alten und neuen Tomatensorten und jede Menge hilfreiche Tipps zu jeder Tomate finden Sie z.B. unter lilatomate.de oder irinas-tomaten.de.

TOMATEN FÜR DEN BALKON

Tomatensorte	Sortengruppe	Besonderheit
'Super Sweet Million'	Cocktailtomate	rote, runde Früchte an langen Trauben
'Red Pear'	Cocktailtomate	rote, birnenförmige Früchte
'Lupitas'	Kirschtomate	rote, runde Früchte, gutes Aroma
'Brillantino'	Kirschtomate	rote, runde Früchte, bleibt kompakt
'Gelbe Johannisbeere'	Wildtomate	hängender Wuchs, viele kleine gelbe Früchte
'Black Cherry'	Cocktailtomate	rotbraune, runde, aromatische Früchte
'Tumbling Tom'	Kirschtomate	hängender Wuchs, rote und gelbe Sorte
'Green Sausage'	Flaschentomate	längliche, grün-gelb gestreifte Früchte
'Petit Chocolate'	Fleischtomate	rotbraune, kirschtomatengroße Früchte
'Small Egg'	Eiertomate	hängender Wuchs, kleine, rote Früchte

Tomaten brauchen einen Vorlauf

Los geht's mit der Aussaat ab Ende Februar. Ich warte meist bis Mitte März, dann sind die Pflanzen im Mai zwar kleiner, dafür aber kompakt. Ausgesät wird in Aussaaterde. Ich nehme kleine Kokosfasertöpfchen dafür, in die ich je 2 bis 3 Samen säe. Die Samen decke ich nur dünn mit etwas Erde ab. Sie sollten noch durchschimmern. Das funktioniert gut, obwohl Tomaten Lichtkeimer sind. Die Töpfchen werden angefeuchtet und in ein Zimmergewächshaus gestellt. Die Erde darf nicht austrocknen, sie sollte immer etwas feucht sein. Schon nach 10 Tagen zeigen sich die ersten Keimblätter. Wenn sich das zweite echte Laubblattpaar gebildet hat, wird flüssig gedüngt, jedoch nur mit der halben Dosierung. Je nachdem, wie schnell die Tomätchen wachsen, werden sie vor dem Auspflanzen Mitte Mai noch einmal pikiert und in etwas größere Töpfe mit normaler Blumenerde gesetzt.

Meine Youngsters stelle ich schon im April stundenweise auf den Balkon. Bevorzugt an warmen, aber bewölkten Tagen. Das gewöhnt sie langsam an Wind und Sonne. Meine anderen vorgezogenen Fruchtgemüse wie Chili, Paprika und Aubergine leisten ihnen Gesellschaft. Ab Mitte Mai, wenn es das Wetter zulässt, ziehen die Tomaten endgültig auf den Balkon. Da bis Ende Mai noch Nachtfröste drohen können, decke ich die Tomaten (und die anderen Fruchtgemüse) nachts zur Sicherheit mit einem Vlies ab.

Tomaten sind Starkzehrer und brauchen genügend Nährstoffe, um gut zu wachsen und gesunde, aromatische Früchte zu entwickeln. Blumenerde enthält bereits Dünger, der noch etwa vier Wochen ausreicht. Danach wird einmal pro Woche mit einem speziellen Tomatendünger gedüngt.

Regelmäßig gießen

Die Kraut- und Braunfäule schlägt selten auf Balkon und Terrasse zu, wenn diese überdacht sind. Gießen Sie trotzdem nicht über die Blätter.

Die Erde, in denen die Tomaten stehen, sollte gleichmäßig feucht sein. Denn aufgeplatzte Früchte und Blütenendfäule stehen in engem Zusammenhang mit schwankender Bodenfeuchtigkeit. Bei der Blütenendfäule sterben die Zellen an der Fruchtspitze durch mangelnde Versorgung mit Kalzium ab, das durch den Wassermangel nicht mehr in die Früchte transportiert wird. Es bildet sich erst ein kleiner unschöner brauner Fleck, der später größer wird und nach innen sinkt. Die Früchte erholen sich nicht mehr.

Unreife Früchte werden weggeworfen, reife dagegen können noch verwendet werden, die braune Stelle wird großzügig entfernt. Betroffen sind vor allem großfrüchtige Tomaten und festfleischige Sorten wie 'Andenhorn' und 'San Marzano'. Witterungswechsel oder unregelmäßige Wasserversorgung lassen die dünne Fruchthaut platzen. Besonders schnell, wenn ausgetrocknete Erde wieder gewässert wird. Ernten Sie geplatzte Früchte rasch, denn die Platzstellen sind Eintrittspforten für Fäuliserreger.

Ausgeizen – ja oder nein?

Bei Stabtomaten ist Ausgeizen ein Muss. Die
Seitentriebe werden mit der Hand herausgebrochen,
wenn sie 3 bis 5 cm lang sind. Triebe, die aus der
Basis wachsen, werden nah am Haupttrieb mit einer
Schere abgeschnitten. Bleiben die Seitentriebe
stehen, nimmt das dem Haupttrieb Kraft, sodass
sich nur wenige Blüten bilden und auch die Frucht-
qualität lässt nach. Bei Strauchtomaten ist das
Ausgeizen nicht nötig. Bei Wildtomaten werden
nur zu dicht stehende Triebe ausgelichtet.

UNREIFE TOMATEN

Im Herbst bleiben meist noch einige
Tomaten grün und unreif. So sind sie aber
giftig, denn sie enthalten das Alkaloid
Solanin. Die unreifen Tomaten werden
geerntet und zum Nachreifen in dunkle
Tüten oder unter Zeitungspapier gelegt.
Unreife Tomaten reifen nur nach, wenn sie
schon ihre sortentypische Größe erreicht
haben.

Auberginen & Paprika

Auberginen und Paprika brauchen viel Wärme und einen guten Windschutz. Im Garten finden sie diese idealen Wachstumsbedingungen höchstens im Gewächshaus. Balkone sind durch ihre Seitenwände windgeschützt und warm, also genau richtig für die beiden Sommergemüse. Wenn Sie schon gute Erfahrungen mit Tomaten gemacht haben, ist deren mediterrane Gemüseverwandtschaft ein Klacks!

Auberginen

Ich finde, Auberginen sind schon ohne Früchte eine Augenweide. Mit ihren blaugrünen, flaumig behaarten Blättern und den großen weißen oder violetten Blüten sind sie sehr attraktiv, aber auch gefährlich. Denn auf Blättern und Kelchblättern sitzen manchmal bizarre Stacheln. Spezielle Topf-Auberginen werden nur etwa 60 cm hoch und tragen viele kleine, etwa hühnereigroße Früchte. 'Little Blue' und 'Ophelia' sind dunkelviolett. 'Pinstripe' hat violett-weiß gestreifte Früchte. Längliche, nur fingerdicke Früchte hat 'Slim Jim'. Nur 30 cm hoch wird die Zwerg-Aubergine 'Bambino', gut geeignet für Balkonkästen. Eher ungewöhnlich für unsere Augen sind rote Auberginen: 'Sweet Red' hat kleine rote Früchte, die an Cocktailtomaten erinnern. 'Goyo Kumba' ist eine afrikanische Auberginensorte mit kirschpaprika-ähnlichen Früchten. Mein Geheim-Tipp ist 'Striped Toga' mit länglichen, etwa 4 cm langen, orangefarbenen Früchten mit grünen Streifen.

Auberginen werden im Februar, spätestens Anfang März ausgesät. Während der Keimphase und auch als junge Sämlinge möchten sie warm bei 20–25 °C stehen. Ideal ist ein beheizbares Zimmergewächshaus oder eine helle Fensterbank über einer Heizung. Die Auberginensamen lassen sich manchmal bis zu sechs Wochen Zeit, bis sie aufgehen. Beim Pikieren ist Vorsicht angesagt, denn die zarten Stängel brechen leicht. Die Pflanzen werden erst Ende Mai, Anfang Juni auf den Balkon ausgepflanzt. Bei kühlen Frühjahrstemperaturen würden sie einfach nicht weiterwachsen.

Die reichtragenden Pflanzen werden mit einem Stab gestützt. Seitentriebe können wie bei den Tomaten ausgegeizt werden. Reif sind die Auberginen, wenn ihre Schale glänzt. Anders als bei Tomaten enthalten auch reife Auberginen noch giftiges Solanin. Es wird erst beim Garen abgebaut.

Bei großfrüchtigen Auberginen lasse ich nur drei, maximal fünf Früchte an der Pflanze reifen.

Schwarze Töpfe speichern die Wärme lange. Stehen sie jedoch den ganzen Tag in der Sonne, verbrennen die Wurzeln und die Erde trocknet aus.

Paprika

Klein und kompakt wachsen Mini-Paprika, wie die orangefarbene 'Mohawk' und die rote 'Sweet Ingrid', die ein erstaunliches Farbspiel liefert: Sie reift von Grün über Schwarz nach Rot ab. 'Kobold' und 'Sweet Orange' tragen viele kleine Paprikafrüchte in Rot bzw. Orange.
50 cm und höher wachsen 'Bontempi', 'Nazar' (beide rot), 'Multi' (gelb) und 'Mavras' (violett). Sie bringen auch einen höheren Ertrag als die Mini-Paprika. Spitzpaprika-Pflanzen werden einen Meter und höher und sind auch ausladender. Eine kompaktwachsende Sorte ist 'Pinokkio', die orangerot ausreift.
Gesät wird ab Mitte Februar. Der Samen wird etwa 0,5 bis 1 cm tief in die Aussaaterde gelegt.

Legen Sie ein paar mehr Samen aus, denn nicht alle gehen auf. Wie die Tomaten braucht auch Paprika viel Wasser und viel Dünger. Fehlt es an Wasser, werden Blüten und junge Früchte abgestoßen. Die erste Blüte, die sich bildet, wird Königsblüte genannt. Auch wenn es schwerfällt: Diese Blüte muss ausgebrochen werden! Die sich entwickelnde Frucht würde alle Kraft an sich ziehen und die Blüten- und Fruchtbildung an den Seitentrieben unterdrücken. Die Folge: Es wächst für lange Zeit nur eine einzige Paprika an der Pflanze. Paprika kann geerntet werden, wenn seine Schale glänzt, auch wenn er noch grün ist. Wird der noch grüne Paprika geerntet, fördert das die Bildung neuer Blüten.

Chilis sind meine Leidenschaft!

Ich liebe Chilis, die kleinen scharfen ebenso wie die großen milden. Auf meinem sonnig-warmen Südbalkon fühlen sich die Pfefferschoten so richtig wohl. Und sie beschenken mich jedes Jahr mit vielen, vielen Früchten. Meine absolute Lieblingssorte ist die regenbogenbunte 'Chinese 5-Colour'. Die zahlreichen kleinen Früchte sind zunächst lila, dann gelb und orange und reifen später rot aus.

Mild bis mittelscharf

Milde Chili-Sorten schmecken fast wie Paprika-schoten, haben jedoch eine leichte prickelnde Schärfe. Oft sind die Früchte knapp 20 cm groß wie bei 'Sweet Banana' oder 'Anaheim'. Sie schmecken pur, auf dem Butterbrot oder mit Frischkäse gefüllt, ohne dass man sich den Mund verbrennt. Auch der Glocken-Chili (Capsicum baccatum, oben rechts) ist mild. Seine Früchte erinnern an umgestülpte Glocken oder Mützen. Die Pflanze wächst recht ausladend und hoch, trägt dafür aber nur wenige Früchte, die spät ausreifen.

'Jalapeño' und 'Mulato' sind schon etwas schärfer, aber immer noch genießbar. Die Sorte 'Jalapeño' hat eine dicke Fruchtwand und typische Kork-streifen auf der Haut. Sie lässt sich schlecht trocknen und sollte frisch aufgebraucht oder in Essig oder Öl eingelegt werden. Mein Favorit in dieser Schärfestufe ist 'Chili de Padrón'. In Tapas-Bars werden die Früchte in Öl gebraten und mit Meersalz angeboten. Leider tragen sie für meinen Geschmack zu wenige Früchte pro Pflanze, aber für Liebhaber immer einen Versuch wert.

Scharf bis sehr schaaarf

In diese Kategorie gehört die bereits erwähnte 'Chinese 5-Colour'. Die Früchte halbiere ich und trockne sie an der Luft. Eine ähnliche Sorte ist 'Bolivian Rainbow'. Aji-Chili gibt es in verschiedenen Sorten, alle haben eine fruchtige, zitronige Schärfe. Die grünen unreifen Früchte sind noch mittelscharf und können frisch an Speisen gegeben werden. Die reifen Früchte werden besser getrocknet. 'Serrano' ist eine in Mexiko beliebte Sorte für feurige Tomatensalsas. Die kleinen Früchtchen sind süßlich, haben aber einen für europäische Zungen schneidend scharfen Abgang. 'De Arbol' wird getrocknet, dadurch bekommt sie ein leicht rauchiges Aroma.

Kaum noch essbar sind die sehr scharfen Chilis. Sie werden getrocknet oder in Essig und Öl eingelegt. Zu Leben erweckt werden die getrockneten Scharfmacher mit etwas heißem Wasser. Oder sie werden vorsichtig in einem Mörser gemahlen. Achtung: Nicht die Nase zu dicht darüber halten! Die Schärfe steigt sonst direkt hinein. Empfehlenswert sind 'Habanero' in rot und gelb, 'Scotch Bonnet', Martinique- und Thai-Chili und 'Tabasco', aus dem die berühmte Tabascosoße hergestellt wird. 'Cuban Black' hat ungewöhnliche violette Blätter und kleine kugelige, sehr scharfe, fast schwarze Früchte. Die derzeit schärfste Chili der Welt ist die 'Bhut Jolokia'. Von dieser Sorte sät man gleich mehrere Samen aus, denn sie sind sehr keimunwillig!

> **Bei Chili-Verbrennungen hilft kein Wasser! Joghurt, Milch, Quark oder ein Stück Weißbrot mildern die brennende Schärfe im Mund ab.**

Aussaat, Pflege und Überwinterung

Ähnlich wie Paprika und Tomaten brauchen Chilis einen kleinen zeitlichen Vorsprung. Ich säe sie ab Ende Februar auf der Fensterbank aus. Ab Mitte Mai pflanze ich sie in größere Töpfe. Chilipflanzen sollten immer gut feucht (nicht nass!) gehalten werden. Nur dann entwickeln sie Schärfe. Kurze trockene Phasen machen ihnen nichts aus. Ich gebe meinen Chilis ab Juni wöchentlich Tomatendünger.

Mehrjährige Chili können kühl und hell bei 10°C überwintert werden. Sie werden im Winter nur wenig gegossen. Im Frühjahr setzt man die Pflanzen dann in frische Erde und schneidet sie zurück. Folgende Arten und Sorten können überwintert werden: *Capsicum frutescens*, Baum-Chili (*Capsicum pubescens*), Glocken-Chili (*Capsicum baccatum*), 'Jamaican Red', 'Habanero', 'Bhut Jolokia', Aji-Chili und 'Bird's Eye'. Der Vorteil: Sie blühen und fruchten eher als frisch ausgesäte Exemplare.

MEINE TOP 5

★ 'Razzamatazz' (mild)
★ 'Fish Pepper' (mittelscharf)
★ 'Chinese 5 Colour' (scharf)
★ 'Sibirischer Hauspfeffer' (sehr scharf)
★ 'Aji Cristal' (sehr scharf)

Schon probiert?

Tomaten, Kartoffeln, Möhren sind für Sie ein alter Hut? Na, dann finden Sie auf diesen Seiten ein paar ungewöhnlichere Balkongemüse.

Topinambur

Topinambur (*Helianthus tuberosus*) ist verwandt mit den Sonnenblumen, was die gelben Korbblüten spätestens im Herbst verraten. In der Erde wachsen spindelförmige, etwa kartoffelgroße Knollen heran, die nussig schmecken. Die Knollen werden ab Mitte April so in einen großen, tiefen Topf oder einen Reissack gelegt, dass sie sich im unteren Drittel befinden. Die Pflanzen werden bis zu 2 m hoch und brauchen eine Stütze. Die Knollen sind winterhart und treiben im Frühjahr aus. Geerntet wird im Herbst und Winter. Topinambur isst man roh, gedünstet oder gebacken.

Süßkartoffel

Die Knollen gibt's beim Gemüsehändler. Setzen Sie eine nicht zu große, feste Süßkartoffel (*Ipomoea batatas*) senkrecht zur Hälfte in ein Erde-Sand-Gemisch. Sie wird dann bald austreiben. Ab Juni kommt die Süßkartoffel an einen warmen, sonnigen Platz auf dem Balkon. Geben Sie wöchentlich einen Volldünger. Dort, wo die langen Triebe Kontakt mit der Erde haben, bilden sich Knollen. Sie sind reif, wenn das Laub welkt. Bataten schmecken leicht süßlich und eignen sich zum Backen, Frittieren, Kochen und als Püree.

Mini-Melonen

Mini-Melonen (*Melothria scabra*) sehen aus wie süße Wassermelonen, schmecken aber wie saure Gurken. Die etwa 3 cm langen Früchte sind ein kleiner, frischer Snack für zwischendurch. Ab Mitte Mai können zwei bis drei Samen direkt in Töpfe gesät werden. Eine Vorkultur ab April ist auch möglich. An einem sonnigen, windgeschützten Platz rankt die Pflanze bis zu 3 m hoch. Geben Sie drei wie ein Zelt zusammengefügte Bambusstäbe als Kletterhilfe mit in den Topf. Gießen und düngen Sie die Mini-Melonen im Sommer reichlich.

Tomatillo

Tomatillos (*Physalis philadelphica, P. ixocarpa*) sind eng verwandt mit den Tomaten und möchten auch ähnlich gepflegt werden. Ab Mitte Februar werden sie auf der Fensterbank ausgesät, ab Mitte Mai dürfen sie auf den Balkon ziehen. Die walnuss-großen, gelben oder lilafarbenen Beeren stecken in einem engen Pergamentmäntelchen. Die Früchte reifen im Spätsommer. In Mexiko sind die Tomatillos eine beliebte Zutat in der „Salsa Verde". Sie können auch sauer eingelegt werden.

Malabarspinat

Malabarspinat (*Basella rubra*) ist die Spinatpflanze für sonnige Balkone, denn er liebt es warm, sonnig und verträgt auch mal kurzzeitig Trockenheit, ohne gleich die Blätter schlapp hängen zu lassen. Ausge-sät wird ab Mitte April auf der Fensterbank. Ab Juni darf er auf den Balkon. Die Blätter schmecken wie Spinat, sie können roh oder kurz gedünstet zube-reitet werden. Die Sorte 'Rubra' hat rötliche Blätter und Stängel, die zum Beispiel Reis rosa einfärben. Malabarspinat wird jedes Jahr neu ausgesät.

Stangenbohnen & Feuerbohnen

Feuerbohnen und Stangenbohnen winden ihre langen Triebe liebend gern um Drahtseile, Fäden oder Bambusstangen. Ihre zarten Schmetterlingsblüten brauchen die Konkurrenz von Prunkwinde und Schwarzäugiger Susanna nicht zu scheuen, zumal sie als großes Plus essbare Früchte mitbringen.Scharlachrot blühen die Feuerbohnen (*Phaseolus coccineus*), und das bis zum Frost. Dafür muss man nur wenig tun: ausreichend gießen und regelmäßig junge Bohnen pflücken. Die kleinen Böhnchen sind viel zarter als die großen. Sind die Bohnenhülsen mal doch schon größer geworden, auch kein Problem. Dann nehme ich nur die Bohnenkerne. Zu den roten Blüten von 'Preisgewinner' setze ich gern die

cremeweißen Blüten der Sorte 'Weiße Riesen' als spannenden Kontrast. In Ampeln, Hanging Baskets und Balkonkästen passt die niedrige, nicht kletternde Sorte 'Hestia' mit rot-weißen Blüten. Stangenbohnen (*Phaseolus vulgaris*) sind etwas anspruchsvoller als die Feuerbohnen. Dafür bieten sie aber auch verschiedenfarbige Früchte. 'Blauhilde' ist blauviolett, Wachsbohnen sind gelb (z.B. 'Neckargold') und die 'Berner Landfrauen' sind grün-rot gesprenkelt. Letztere ist eine regionale, historische Sorte, bei der bevorzugt die trockenen Bohnenkerne geerntet werden. Ja, es gibt auch die grünen Früchte, zum Beispiel 'Neckarkönigin' und 'Algarve', aber die haben wir ja schon bei den Feuerbohnen!

Bohnen aussäen und pflegen

Die robusten Feuerbohnen säe ich schon ab Mitte April ins Freie, die wärmeliebenden Stangenbohnen erst ab Mitte Mai. Die großen Samen weiche ich vorher über Nacht in Wasser ein. Pro Topf steckt man gleichmäßig verteilt drei Samen. Kletterbohnen bekommen eine Startdüngung und werden im Sommer zwei bis dreimal mit einem Flüssigdünger nachgedüngt. Im Garten würden die Bohnenwurzeln eine Symbiose mit den im Boden lebenden Knöllchenbakterien eingehen. Die Bakterien sammeln Luftstickstoff und geben ihn an die Bohnen ab. Im fertigen Substrat auf Kompost- oder Torfbasis sind diese Bakterien nicht enthalten. Von Bohnen ernte ich mittlerweile mein eigenes Saatgut. Dafür lasse ich zwei, drei Hülsen ausreifen, bis sie braun und trocken sind. Auf Balkon-Bohnen lassen sich gern Gemeine Spinnmilben nieder, vor allem auf heißen, trockenen Südbalkonen. Die Blätter sind gelb gesprenkelt und mit Spinnweben behängt. Solche Blätter schneide ich rigoros heraus, um

den Befall einzudämmen. Im Nützlingsversand gibt es Raubmilben und Florfliegen, die die Spinnmilben aussaugen. An heißen Tagen vernebele ich zusätzlich Wasser mit einer Blumenspritze. Das erhöht die Luftfeuchte. Und das mögen die Spinnmilben nicht.

BUSCHBOHNEN

Die niedrigen Bohnen gibt es in einer ähnlich
großen Farbauswahl wie die Stangenbohnen.
Am hübschesten ist jedoch der sogenannte
Glucken-Typ, bei dem die Bohnenfrüchte über
den Blättern wachsen, z.B. 'Purple Teepee',
'Bluevetta' (beide blaue Früchte), 'Golden
Teepee' (gelbe Früchte) und 'Maxi' (grün).
Setzen Sie die Buschbohnen in große Kübel
oder in einen Hanging Basket. Für eine
lange Erntezeit etwa alle 14 Tage eine neue
Runde Buschbohnen aussäen. Die Buschbohnen brauchen eine kleine Startdüngung
mit Hornmehl.

Gurke, Kürbis & Zucchini

Auf meine Snack-Gurke kann ich nicht verzichten, auch wenn sie ihre kratzigen Blätter frech in den Weg schiebt und richtig viel Platz wegnimmt. Ich liebe die 10 bis 15 cm kleinen, knackigen Früchte einfach. Darum stelle ich den Gurken-Topf etwas abseits auf, damit wir uns nicht in die Quere kommen. Bei der Sortenwahl achte ich auf rein weibliche Gurken, denn bei denen liefert jede Blüte eine Frucht. Rein weibliche Sorten sind zum Beispiel 'Iznik', 'Printo', 'Picolino', 'Passandra' und 'Jazzer'. Die Sorte 'Ministar' wächst recht kompakt und ist gut für Ampeln oder Hanging Baskets geeignet. Bei den jungen Gurkenpflanzen kneife ich nach dem dritten oder fünften Laubblatt die Spitze aus. So entwickeln sich Seitentriebe, an denen bald viele Früchte wachsen. Die Seitentriebe leite ich an einem Rankgerüst hoch.

> **Knoblauch-Tee gegen Mehltau:** 2 TL gehackten Knoblauch mit 1 Liter kochendem Wasser überbrühen. Abkühlen lassen. Unverdünnt auf die Blätter spritzen.

Aussäen und Pflegen

Gurken, Kürbisse und Zucchini werden ab Mitte Mai direkt auf den Balkon gesät. Ich lege immer zwei Samen in einen Topf. Wenn beide Samen aufgehen, ziehe ich den schwächeren der beiden raus. Im Sommer brauchen die Pflanzen regelmäßig Wasser und jede Woche eine Portion Flüssigdünger, um Blätter und vor allem Früchte zu entwickeln. In warmen Sommern mit kühlen Nächten schlägt der Echte Gurken-Mehltau zu. Die Blätter sind dann zunächst weiß getupft, später flächig mit einem weißen, mehligen Belag überzogen. Damit es nicht so weit kommt, sprühe ich vorbeugend mit Knoblauch-Tee.

VEREDELTE GURKEN

Greifen Sie zu, wenn es im Gartencenter veredelte Gurken-Jungpflanzen gibt. Diese Gurken sind durch die Veredlung auf einen Feigenblattkürbis viel robuster als Gurken auf eigener Wurzel. Oder Sie veredeln selbst: Setzen Sie je einen Kürbis- und einen Gurkensämling in ein Gefäß. Die Stiele schräg anschneiden und die Schnittstellen zusammenfügen. Unter einer Folienhaube wachsen die Schnittstellen innerhalb einer Woche zusammen. Dann wird die Wurzel der Gurke gekappt (sie wächst jetzt auf der Kürbiswurzel) und der Kürbistrieb abgeschnitten.

Kompakte Kürbisse und Zucchini

Zucchini sind sehr hungrig. Ohne ihre wöchentliche Ration Dünger werden ihre Blätter gelb.

Zucchini und Kürbis sind noch raumgreifender als die Gurken. Speziell für die Topfkultur wurden kompakt wachsende Zucchinis gezüchtet, wie 'Patio Star' und 'Leila'. 'Black Forest' klettert an einem Rankgerüst hoch. Ich mag die rundfrüchtigen Zucchini wie 'Floridor', 'Satelite' und 'Piccolo'. Kürbisse werden auf dem Balkon platzsparend an einem Rankgerüst oder an der Balkonbrüstung hochgeleitet. Sorten mit kleinen Früchten sind zum Beispiel die Patisson-Kürbisse, die wie Ufos aussehen ('Custard White' und 'Sunburst'). 'Baby Bear' ist ein kleiner, orangefarbener Kürbis, der am besten jung geerntet wird. Selbst kleine Hokkaidos können im Topfgarten wachsen, zum Beispiel 'Uchiki Kuri'. Die Früchte werden etwa 1 bis 2,5 kg schwer. Damit sie gut ausreifen, werden alle bis auf zwei Früchte ausgeschnitten. Bei Kürbissen und Zucchini gibt es keine rein weiblichen Sorten. Die Pflanzen entwickeln männliche und weibliche Blüten. Anfangs erscheinen nur männliche Blüten, die auf einem langen Stiel sitzen. Erst wenn es wärmer wird, entwickeln sich auch weibliche Blüten mit einer kleinen Mini-Frucht unterhalb der Blüte.

Pflanzkartoffeln sind zwar kleiner als Speisekartoffeln, dafür aber wuchsfreudiger und robuster. Leider gibt es sie meist nur in größeren Mengen. Auf dem Wochenmarkt oder bei einigen Versendern kann man auch Kleinstmengen bekommen, z.B. 6 Stück verschiedener Sorten im Probierpack bei Biogartenversand. Doch zur Not gehen auch die Kartoffeln aus der Speisekammer.

Ich will Kartoffeln!

Und zwar viele. Kartoffeln im Topf zu ziehen, ist denkbar einfach. Und bei der Ernte offenbart sich bald die Vielfalt: Dunkelrote, violettblaue, rosa getupfte und gelbe Knollen kommen da zum Vorschein. Aber auch schon vorher macht die Kartoffelpflanze was her: Sie wächst üppig und blüht mit weißen, rosafarbenen oder hellblauen Sternchenblüten.

Ungeduldigen empfehle ich frühe Kartoffeln wie 'Altesse' und die rotschalige Sorte 'Roter Erstling'. Beide können schon nach 100 Tagen geerntet werden. 'Bambino' trägt viele kleine runde Kartöffelchen. Da sie geerntet werden, wenn das Laub noch grün ist, sehen sie bis zum Schluss sehr attraktiv aus. 'Granola', 'Blauer Schwede' und andere mittelfrühe Sorten brauchen ein paar Tage länger. Auch Spätkartoffeln wie 'Adretta', 'Highland Burgundy Red' und 'Vitelotte' können in Töpfen oder Säcken gezogen werden. Nur haben sie eine sehr lange Wachstumszeit und sind erst im Herbst erntereif. Das Laub ist dann schon eine Weile welk und kein schöner Anblick mehr. Es wird am besten abgeschnitten, sobald es vertrocknet ist. Dafür können die späten Sorten bis zum Frost im Topf bleiben.

So werden Kartoffeln gepflanzt

Los geht's im Mai, wenn die letzten Spätfröste vorbei sind. In milderen Regionen, zum Beispiel in Weinanbaugebieten, kann auch schon im April gepflanzt werden. Bei Spätfrostgefahr werden die Kartoffeltöpfe mit Vlies oder Zeitungspapier abgedeckt. Gepflanzt wird im Schichtsystem. Der Topf wird zur Hälfte mit Erde gefüllt. In 5 cm tiefe Löcher werden die Pflanzkartoffeln gelegt. 3 bis 4 passen in ein 10 Liter fassendes Gefäß. In größere Gefäße kommen entsprechend mehr. Wenn die ersten Triebe die Erde durchstoßen, kommt eine neue Schicht Erde auf die Triebe, bis sie bedeckt sind. Wenn sich die grünen Kartoffelblätter wieder etwa 10 cm durch die Erde gekämpft haben, bekommen sie erneut eine Erd-Decke. Das wird so oft wiederholt, bis der Topf bis 3 cm unter dem Rand mit Erde gefüllt ist. Durch das Anhäufeln bilden die Kartoffeln mehr Seitentriebe, an deren Ende die Kartoffelknollen sitzen. Der Garant für eine reiche Ernte! Ab jetzt wachsen die Kartoffeln fast von allein. Regelmäßig gießen und einmal in der Woche düngen, reicht aus.

Topf, Sack oder was?

Kartoffeln mögen die lockere, warme Erde in großen Kübeln. Sie setzen dann viele Kartoffelknollen an. So ein Kartoffeltopf sollte wenigsten 10 Liter fassen und Abzugslöcher am Boden haben. Am besten sind dunkle Gefäße geeignet, denn die wärmen sich in der Sonne auf und fördern das Wachstum der Kartoffeln. Aber Vorsicht! Schwarze Töpfe heizen sich in der Mittagssonne schnell auf, besonders auf dem Südbalkon. Dann wird's den Kartoffelpflanzen zu heiß und sie leiden. Kartoffeln wachsen auch gut in Laubsäcken, Reissäcken oder sogenannten BacSacs.

Das Material lässt überschüssiges Wasser gut ablaufen. Und praktisch sind die Säcke auch, denn sind die Kartoffeln im Sommer oder Herbst geerntet, kann man sie fein säuberlich zusammenfalten und wegräumen.

Sind weder große Töpfe noch Säcke greifbar, kaufen Sie sich einfach einen 40-Liter-Sack Blumenerde. Stellen Sie ihn hochkant und legen Sie 3 bis 4 Kartoffeln so tief, dass sie etwa 15 cm über dem Boden liegen. Anhäufeln ist dann nicht mehr nötig.

Ich setze die Knollen ab Mitte April in Eierkartons und lasse sie an einem hellen Platz vorkeimen.

Ernten oder nicht ernten?

Das ist bei diesen überaus schönen Gemüsearten die Frage! Auch wenn es weh tut, ernten müssen Sie schon, denn Gartenmelde und Amaranth hält die stete Ernte jung. Aber die Artischocken bleiben unberührt!

Artischocke

Tief blauviolett blühen die Artischocken (*Cynara scolymus*) – wenn man die Knospen nicht erntet. Gesät wird ab Mitte April auf der Fensterbank. Ab Mitte Mai werden die Pflanzen in einen großen Topf gesetzt. Im Sommer viel gießen und düngen. Artischocken blühen erst im zweiten Jahr. Lassen Sie ein, zwei Blüten aufgehen und machen Sie Bienen, Hummeln und Schmetterlingen eine Freude. Da die Stauden nicht zuverlässig winterhart sind, werden sie gut eingepackt oder gleich frostfrei überwintert.

Zuckermais

Pro Maispflanze (*Zea mays*) wachsen nur ein bis zwei Maiskolben. Da traut man sich erst gar nicht zu ernten! Geerntet wird, wenn die Fäden, die oben aus dem noch grünen Kolben herausschauen, vertrocknet sind. Ab Ende April wird auf der Fensterbank oder ab Mitte Mai in große Töpfe gesät. Sie brauchen mindestens zwei Pflanzen, die sich gegenseitig bestäuben. Im Sommer viel gießen und wöchentlich düngen. Niedrige Zuckermaissorten sind zum Beispiel 'Luther Hill', 'Orchard Baby', 'Yucon Chief' und 'Black Aztec'.

Gartenmelde

Farbenfroh gibt sich die Melde (*Atriplex hortensis*) mit ihren purpurnen, roten, gelbgrünen oder grünen Blättern. Auch die münzähnlichen Fruchtstände sind sehr hübsch. Die Melde ist verwandt mit Spinat und Mangold und kann auch ganz ähnlich verarbeitet werden. Ihr großer Vorteil gegenüber dem Spinat: Sie liefert im Sommer viele Blätter, wenn der Spinat nicht mehr recht wachsen will. In einem großen Topf können die Pflanzen fast einen Meter hoch werden. Ausgesät wird ab März, direkt in die Töpfe.

Amaranth

Schön anzusehen sind auch die im Sommer überhängenden roten oder grünen Blütenstände des Amaranth (*Amaranthus*-Arten), die ihm den Namen Fuchsschwanz eingebracht haben. Ausgesät wird erst ab Mai. Der Gemüse-Amaranth (*A. tricolor*) hat kleinere Blütenstände, dafür jedoch große, schmackhafte Blätter. Die jungen Blätter werden im Sommer geerntet und wie Spinat gedünstet. Im Herbst werden die zahlreichen Samen geerntet und wie Hirse verwendet. Oder Sie überlassen die nahrhaften Körner den Vögeln als Winterfutter.

Neuseeländer Spinat

Auf den dicken, saftigen Blättern sitzen kleine Drüsen, die wie winzige Tautropfen in der Sonne glitzern. Der Neuseeländer Spinat (*Tetragonia tetragonioides*) ist mit den Mittagsblumen verwandt und verträgt vollsonnige Standorte, wenn er ausreichend mit Wasser versorgt wird. Er wächst flach, eher kriechend und passt gut in Blumenampeln, Hanging Baskets oder als Unterpflanzung von höheren Gemüsearten wie Tomaten, Mais und Bohnen. Gesät wird ab Mitte Mai. Ich empfehle eine Vorkultur auf der Fensterbank.

In einem hohen Topf wachsen
Möhrenwurzeln gerade und
nicht um die Ecke.

Lauchzwiebel, Möhre & Rote Bete

Möhren, Rote Bete und Zwiebeln sieht man viel zu selten auf Balkonien. Das liegt jedenfalls nicht daran, dass sie zu anspruchsvoll sind. Im Gegenteil, mit den richtigen Sorten klappt der Anbau spielend leicht.

Lauchzwiebeln

Auf dem Balkon säe ich am liebsten Lauchzwiebeln. Die sind unkompliziert und sehen zu fünft oder sechst im Topf sehr adrett aus, ein bisschen wie grobröhriger Schnittlauch. Ich ernte immer nur ein Röhrenblatt pro Pflanze auf einmal, damit sie nicht zu sehr geschwächt werden. Gesät wird ab März. Eine Besonderheit sind Etagenzwiebeln, bei denen sich anstelle einer Blüte ein Kranz mit Brutzwiebelchen bildet. Irgendwann schenkte mir eine Freundin ein paar Zwiebelchen. Anders bekommt man sie übrigens kaum. Die Zwiebelchen habe ich eingesetzt und schon kurze Zeit darauf haben sie grüne Blättchen getrieben. Nun bin ich diejenige, die fleißig Brutzwiebelchen verschenkt. Geerntet werden Lauch und Mini-Zwiebeln.

Etagenzwiebeln sind mehrjährig, sie brauchen nicht jedes Jahr neu gesteckt zu werden. Im Winter oder im zeitigen Frühjahr liefern sie das erste würzige Grün, wie auch die winterharte Winterheckenzwiebel (z.B. 'Freddy'). Steckzwiebeln gibt es oft nur in 500-g- oder Kilo-Abfüllungen mit Dutzenden Zwiebeln. Das ist für einen Balkon viel zu viel. Versuchen Sie es mit Schalotten. Die sind zwar etwas teurer, dafür in der Stückzahl überschaubarer. Aus den Steckzwiebeln, die einzeln etwa 2/3 tief in einen mindestens 15 cm Durchmesser messenden Topf in Erde gesteckt werden, wachsen bis zu fünf Tochterzwiebeln. Die werden ab August nach und nach geerntet.

Rote Bete

Für den Topf sind kugelige Rote-Bete-Sorten genau richtig, wie 'Rote Kugel', 'Robuschka' und 'Ägyptische Plattrunde'. Dicht gesät können die Blätter wie Pflücksalat geerntet werden, zum Beispiel von der Sorte 'Bull's Blood'. Gesät wird ab April. Rote Bete, besonders Farb-Mischungen, können vorgesät und nach Farbe sortiert werden. Im Mix gibt es neben den roten auch gelbe (meist 'Burpees Golden' oder 'Boldor') und weißfleischige, sehr milde Sorten. Auf dem Balkon machen bei stauender Hitze manchmal Blattläuse, die sich an den Blattstielen sammeln, oder die Rübenfliege, die in den Blättern miniert, Probleme. Die Läuse werden zerdrückt oder abgespült, die Rübenfliegen in den Blättern zerdrückt.

Möhren

Auch bei den Möhren sind die kugeligen Sorten wie 'Pariser Markt' und 'Parmex' am besten für die Topfkultur geeignet. Halblange Möhren wie 'Adelaide', 'Little Finger' und der Chantenay-Typ 'Caracas' brauchen etwas mehr Wurzelraum. Die Töpfe sollten wenigstens 25 cm hoch sein. In Gefäßen, die mindestens 30 cm hoch sind, kann man es auch mit den langwurzeligen 'Sugarsnax', 'Rainbow' (eine Mischung von gelben und orangefarbenen Möhren) oder den violetten 'Purple Haze' probieren.

Gesät wird von März bis Juni. Ruhig etwas dichter, denn Möhrensamen sind wankelmütig und brauchen ziemlich lange, bis sie endlich aufgehen. Überzählige Sämlinge werden herausgezogen, sodass die übrigen etwa einen Abstand von 5 cm untereinander haben, bei den runden Sorten

von 10 cm. Der Möhrentopf darf nie austrocknen! Geerntet wird etwa 12 Wochen nach der Aussaat. Möhren wachsen sehr langsam. Salate, Ringelblumen und andere niedrige Pflanzen setze ich erst dazu, wenn die Möhren drei bis vier Laubblätter haben. Zwischen den einzelnen Pflanzen sollte genügend Platz bleiben, denn Salat kann noch ganz schön in die Breite gehen. Übrigens teilen sich die Möhrchen gern einen Balkonkasten mit den Lauchzwiebeln.

WO LIEGEN DIE GRENZEN DER WURZELN?

Theoretisch kann jedes Wurzelgemüse im Topf kultiviert werden. Da setzt nur die Topfhöhe Grenzen. Pastinaken, Meerrettich und Japanischer Rettich brauchen mindestens 40 cm hohe Gefäße. Das können Rosentöpfe, Substratsäcke oder BacSacs sein. In denen wachsen die begehrten Wurzeln ungehindert und werden nicht krumm. Die drei Wurzelgemüse sind Starkzehrer und brauchen wöchentlich Flüssigdünger, um ausreichend lange und große Wurzeln zu bilden.

BETATIPP

Palmkohl, Kopfkohl & Rosenkohl

Kohlgemüse ist das Slow Food auf Balkonien. Die Pflanzen wachsen langsam und stetig und übernehmen ab Herbst die Hauptrolle, wenn Tomaten, Kartoffeln und Zucchini nicht mehr schön anzusehen sind.

Kohl braucht große Gefäße, in denen er seine Wurzeln gut ausbreiten kann. Die Erde sollte nicht austrocknen und als Starkzehrer braucht er viel Dünger. Am besten gedeiht Kohl auf Ost- oder Westbalkonen, er verträgt sowohl Sonne als auch Halbschatten. Auf Südbalkonen ist es ihm im Sommer zu heiß und er wächst nur mickrig und beginnt zu blühen, bevor er überhaupt Blattmasse zugelegt hat.

Palmkohl & Grünkohl

Zum Glück gibt es von jeder Regel eine Ausnahme: Toskanischer Palmkohl verträgt Hitze und volle Sonne besser als die anderen Kohlarten. Darum habe ich ihn in mein Sortiment für den Südbalkon aufgenommen.

Typisch sind die schmalen, blaugrauen bis dunkelgrünen Blätter und der palmenähnliche Wuchs. Der entsteht im Laufe der Saison, wenn die Blätter von unten nach oben einzeln abgeerntet werden. Beliebte Sorten sind 'Nero di Toscana' und 'Cavolo Nero'.

Auch der Fransenkohl 'Red Russian' ist gut hitzeverträglich. Seine rot-violetten Blätter stehen etwas lockerer an der etwa einen Meter hohen Pflanze. Die Blätter gebe ich roh an Blattsalate oder in eine Gemüsepfanne. Toskanischer Palmkohl und Fransenkohl werden ab März gesät. Nahe verwandt ist der Grünkohl. Niedrige und halbhohe Sorten wie 'Niedriger grüner Krauser', 'Lerchenzungen' und 'Halbhoher grüner Krauser' bilden eine dichte Rosette mit stark gekrausten Blättern. Ungewöhnlich dunkelrote gekrauste Blätter hat die Sorte 'Redbor'. Grünkohl wird im April und Mai in kleinen Töpfen vorgesät und ab Juli in größere Töpfe verpflanzt. Einzelne Blätter können schon mal im Sommer und Herbst geerntet werden. Die Haupterntezeit beginnt aber erst im Winter. Ein bis zwei Pflanzen reichen für eine gute Ernte aus. Palmkohl und Grünkohl sind unter einem Winterschutz aus Vlies frostfest (siehe Seite 55).

> Der leicht bittere Grünkohl wird mild, wenn es im Winter längere Zeit kühl ist. Dann wird die Stärke in den Blättern in Zucker umgewandelt.

Blumenkohl & Brokkoli

Spannend finde ich die mehrköpfigen Sorten von
Blumenkohl und Brokkoli. Wird der zentrale
Hauptkopf frühzeitig geerntet, entwickeln die
Pflanzen zahlreiche Seitensprosse, an deren Ende
je ein Mini-Blumenkohl oder ein Mini-Brokkoli
sitzt. So kann man immer wieder ernten, übrigens
auch die Blätter. Empfehlenswerte Sorten sind
unter anderem Brokkoli 'Fiesta', 'Milady' und der
rotviolette 'Red Head' und Blumenkohl 'Multi-
Head'. Beide Kohlarten werden von März
bis Mai direkt in die Töpfe gesät. Säen Sie
etwa alle 14 Tage oder 3 Wochen eine
Pflanze neu aus, sodass am Ende drei oder
vier Pflanzen kontinuierliche kleine Köpf-
chen liefern.

Wer lieber einmal richtig groß erntet, der
sät frühe Sorten mit kleinen bis mittelgroßen „Blumen" aus: Blumenkohl 'Erfurter
Zwerg' und 'Amazing' und Brokkoli 'Fellow'.
 Blumenkohl ist ein wenig heikel: Nur wenn
die Erde nicht austrocknet, bildet er einen
gleichmäßig geformten Kopf aus.

> **Auch Zierkohl ist essbar,
> wenn er selbst ausgesät
> wird. Die im Herbst im
> Handel angeboten
> Zier-Exemplare sollten
> dagegen nicht verspeist
> werden.**

Kopfkohl

Im Frühling lachen mich immer wieder die vielen
Kohlsetzlinge im Gartencenter an. Ich kann da
kaum widerstehen. Probieren Sie es einfach mal aus!
Für die Topfkultur empfehle ich die frühen Sommer-
sorten. Sie entwickeln einen kleineren Kopf als die
späten Sorten und kommen mit dem beengten Platz
im Topf gut klar. Beim Saatgut ist die Auswahl
größer als bei den Setzlingen im Gartencenter.Frühe
Sorten sind zum Beispiel Rotkohl 'Kalibos' (Spitzkohl),
'Roxy' und 'Langendijker Früher', Weißkohl 'Gunma',
'Premiere', 'Express' (Spitzkohl) und 'Dithmarscher
Früher' und Wirsing 'Vorbote 3' und 'Goldvital'.
Ab März wird der Kopfkohl in kleine Töpfchen gesät
und ab Mai verpflanzt.

ASIAN STYLE

Chinakohl wird von Mitte Juli bis August
gesät. Seine Blätter sind zart und haben einen milden Kohlgeschmack. Eine recht
kompakte Sorte ist 'Michihili'. Pak Choi, z.B.
die Sorte 'Joi Choi' ist ein kleinkopfiger,
schnellwüchsiger Asia-Salat mit löffel-
förmigen, dunkelgrünen Blättern, der ebenfalls ab Juli gesät wird. Oft blüht er schon,
bevor überhaupt an das Wörtchen Ernte
gedacht werden kann. Nicht so schlimm,
denn die Blüten können einfach mitgegessen
werden. Mehr Asia-Salate gibt's auf Seite 51.

Kinderkram

Wo kommen denn die Tomaten her? Wie wachsen eigentlich Erdbeeren? Und warum verstecken sich die Radieschen in der Erde? Fragen über Fragen, mit denen wissensdurstige Kinder ihre Eltern löchern. Wenn Obst, Gemüse und Kräuter zum Anfassen nah auf dem Balkon wachsen, können diese und andere Fragen mit Leichtigkeit beantwortet werden.

Sie werden staunen, wie schnell die Kinder dieses „langweilige" Wissen aufsaugen. Darüber hinaus lernen sie, verantwortungsvoll mit Lebensmitteln umzugehen, erfahren sie doch selbst, wie lange eine Tomate braucht, bis sie reif ist.

Kinder sehen den Balkon oder die Terrasse mit anderen Augen als wir Erwachsenen. Es ist ein Ort zum Spielen, Toben und Experimentieren. Der grüne Feuerbohnenvorhang mutiert zum Zelt. Und die erste, lang ersehnte reife Tomate wird schnell fürs Puppen-Dinner gepflückt. Damit das Balkongärtnern allen Generationen Spaß macht, sollten Sie einige Regeln aufstellen. Zum Beispiel, dass alle gemeinsam ernten. Geben Sie Ihren Kindern auch einen eigenen Balkonkasten, in dem sie selbst bestimmen, was sie anbauen. Damit sich die ersten Erfolge schnell einstellen, empfehle ich Radieschen, Salat, Feuerbohnen und ein paar Erdbeeren.

Die meisten Obst-, Gemüse- und Kräuterarten sind in allen Pflanzenteilen ungiftig. Doch gibt es auch Gemüsepflanzen, bei denen einzelne Pflanzenteile giftig sind. Das sind unter anderem rohe Garten- und Feuerbohnen und alle Pflanzenteile von Tomaten außer den reifen Früchten und von Kartoffeln außer den Knollen. Sie enthalten keine tödlichen Gifte, sorgen aber doch für tüchtiges Bauchgrimmen.

Erklären Sie den Kindern, warum bestimmte Pflanzen nicht genascht werden dürfen. Zur Unterstützung können Sie mit bunten Markern arbeiten, die Naschpflanzen deutlich kenntlich machen. Auch einige Blüten sind nicht essbar, siehe Seite 37.

Radieschen wachsen sehr schnell und schon ein paar Tage nach der Aussaat zeigen sich die ersten Pflänzchen. Nach vier bis sechs Wochen können Radieschen aus der Erde gezogen werden.

Feuerbohnen werden über Nacht in Wasser eingeweicht. Die Bohnenkerne setzt man in einen großen Topf. Die Bohnenranken dürfen an Stangen oder Fäden emporklettern.

Erdbeeren und Salat werden am besten als Setzlinge in der Gärtnerei gekauft. Sie sind nicht ganz so einfach in der Aussaat.

Sind Ihre Kinder vom Garten-Virus infiziert, geben Sie ihnen eine kleine Auswahl an Samentütchen, aus denen sie sich ihre Favoriten aussuchen können, z.B.: Ringelblumen, Borretsch, Kapuzinerkresse, Basilikum, Mais, Bohnen, Radieschen, Salat, Kohlrabi, Tomaten, Kürbis oder Zucchini.

Viel Obst auf wenig Raum

Zwischen Salbei und Tomate findet sich garantiert noch ein Plätzchen für die kleinen Erdbeerstauden. Säulenapfel, Zwergkirsche und Johannisbeerstämmchen locken mit süßen Früchten und dem Gefühl, dass der Garten auf Balkonien endlich vollständig ist. Mit geschickter Sortenwahl klappt der Obstanbau selbst auf dem Mini-Balkon und die Pflege ist ein Klacks.

ERDBEER-GESCHICHTE

Dass es die Garten-Erdbeere heute gibt, ist einem Zufall zu verdanken. Denn sie ist eine Kreuzung aus der südamerikanischen Chile-Erdbeere (Fragaria chiloensis) und der nordamerikanischen Virginischen Erdbeere (Fragaria virginiana). Die beiden Amerikanerinnen wuchsen zwischen 1714 und 1759 gemeinsam in europäischen Gärten und kreuzten sich spontan. Die heutige Erdbeerzüchtung leiht sich von den alten Wildsorten aus Amerika und Asien Aroma und Widerstandskraft.

Erdbeeren

Erdbeeren machen es uns einfach: Sie brauchen nicht viel Platz zum Wachsen und kommen gut in einem Balkonkasten klar. Sie mögen es sonnig bis halbschattig, selbst für den schattigen Nordbalkon gibt's besondere Wald-Erdbeeren, z.B. die Sorte 'Jubilar'.

Immer wieder ernten

Remontierende Erdbeeren bringen nach der ersten Ernte im Juni und Juli noch eine zweite Ernte im Spätsommer. Gute Sorten sind zum Beispiel 'Mara de Bois', 'Ostara', 'Selva' und 'Evita'. Monats-Erdbeeren (*Fragaria vesca* var. *semperflorens*) blühen sogar von Juni bis Oktober und bringen ständig kleine, walderdbeerähnliche Früchte hervor. Kein Wunder, sind sie doch mit den Wald-Erdbeeren verwandt. Am bekanntesten sind 'Rügen' und 'Alexandria'. Dank ihrer vielen Ausläufer bilden sie bald einen dichten grünen Teppich. Darum dürfen sie bei mir als Unterpflanzung in größeren Töpfen wachsen und dekorativ über den Topfrand hängen. Doch ich lasse nicht alle Ausläufer an den Erdbeeren. Denn dann würde die gesamte Energie in die Ausläufer gehen, auf Kosten der Früchte! Im Sommer schneide ich ein Drittel der Ausläufer weg. Mehr über die Ausläufer und wie sie zu neuen Erdbeerpflanzen werden, steht auf Seite 111.

Einmal groß ernten

Die großfrüchtigen Garten-Erdbeeren (*Fragaria × ananassa*) tragen dagegen nur einmal Früchte. Um trotzdem möglichst lange zu ernten, stellt man sich ein Sortiment aus vier bis fünf Sorten mit verschiedenen Reifezeiten zusammen. Für die allererste Ernte im Juni sind's die früh reifenden Sorten 'Korona' und 'Kent'. Mit etwas Glück tragen sie im Herbst noch einmal Früchte. Spätreifende Sorten sind 'Senga Sengana', 'Tenira' und 'Florence'. Zeitlich dazwischen reifen 'Polka', 'Mieze Nova' und 'Thuriga'. 'Mieze Nova' ist eine Nachfahrin der berühmten, hocharomatischen Erdbeersorte 'Mieze Schindler', nur robuster und selbstfruchtbar.
In großen Erdbeertöpfen mit mehreren Pflanztaschen lassen sich die vielen Erdbeerpflanzen geschickt auf kleinstem Raum anordnen. Über einer Dränageschicht wird bis zur ersten Pflanztasche Erde eingefüllt. Darin wird die erste Erdbeerpflanze gesetzt. Nur nicht zu tief, die Herzknospe muss noch leicht aus dem Boden schauen. So geht es weiter, bis der Topf mit Erde und Pflanzen gefüllt ist. Beim Pflanzen wird gleich einen Beerenlangzeitdünger unter die Erde gemischt. Oder man wird zum „Erdbeer-Hochstapler" und stapelt drei verschieden große Töpfe (z.B. mit Durchmessern von 30 cm, 20 cm und 12 cm) zu einem Turm ineinander. Ist der Topfturm fertig, können die Erdbeeren versetzt gepflanzt werden.

Übrigens, weiße Ananas-Erdbeeren sind gerade groß in Mode. Sie schmecken wie ein Mix aus Erdbeere, Ananas und Banane.

Johannisbeeren & Stachelbeeren

Ich liebe mein Schwarzes-Johannisbeer-Hochstämmchen! Es liefert mir jedes Jahr eine große Schüssel voll meiner Lieblingsbeeren. Unterpflanzt habe ich es mit dem sehr robusten Balkan-Storchschnabel (*Geranium macrorrhizum*).

Bei Johannisbeeren haben Sie die Qual der Wahl. Zunächst einmal zwischen Strauch und Hochstamm und dann zwischen Sorten mit roten, weißen und schwarzen Früchten. Ich bevorzuge Hochstämmchen, denn die lassen sich sehr gut unterpflanzen, z.B. mit Wald-Erdbeeren, Rucola, Salat und Kohlrabi. Rote Johannisbeeren neigen zum Verrieseln. Das bedeutet, dass die Früchte bei mangelnder Befruchtung vorzeitig abfallen. Für einen guten Fruchtansatz braucht man mindestens zwei verschiedene Sorten, die sich gegenseitig bestäuben, z.B. 'Rovada', 'Rolan' oder 'Rotet'. Das ist im Garten kein Problem, aber auf Balkonien kommt man schnell in Platznot. Dann können beispielsweise je eine Rote und eine Weiße Johannisbeere gepflanzt werden. Die weißen Früchte von 'Weiße Versailler' und 'Blanka' enthalten weniger Säure und sind sehr viel milder als die Roten Johannisbeeren. Schwarze Johannisbeeren sind recht herb und säuerlich – und die gesündesten Beeren überhaupt, denn sie enthalten viel Vitamin C. Für Liebhaber wie mich sind besonders die großfruchtigen Sorten wie 'Titania' und 'Ometa' interessant. Jostabeeren, eine Kreuzung aus Schwarzen Johannisbeere und Stachelbeere, sind nur bedingt für den Balkon geeignet, da sie sehr ausladend wachsen.

> Johannisbeersträucher bringen eine reichere Ernte als Hochstämmchen, brauchen aber auch mehr Standraum.

Stachelbeeren

Um an die süß-sauren Stachelbeeren zu
kommen, muss man zuerst an einem Heer aus
festen, pieksigen Dornen vorbei. Doch es lohnt
sich! Mmh, die roten, reifen Stachelbeeren sind
zuckersüß mit dieser leicht herben Note, wenn
man auf die Schale beißt. Lecker! Die roten
Sorten wie 'Remarka' und 'Redeva' mag ich am
liebsten. Die grünen sind nicht ganz so süß, aber
eine schöne Ergänzung zu den roten. Gute
grüne Sorten sind z.B. 'Hinnonmäki' und
'Invicta'. Für die verletzungsfreie Ernte gibt es
mittlerweile auch nahezu dornenlose rote
Sorten, z.B. 'Spinefree' und 'Captivator'. Doch
wo bleibt da das Abenteuer?

Achten Sie beim Kauf unbedingt darauf, ob die
Stachelbeere Ihrer Wahl resistent gegenüber
dem Amerikanischen Stachelbeermehltau ist.
Der schlägt auch auf Balkonien zu und überzieht
nicht nur die Blätter, sondern auch die Früchte
mit einem weißlich grauen Belag. An Ernte ist
dann nicht mehr zu denken. Alle kranken
Pflanzenteile werden entfernt und kranke Triebspitzen im Frühjahr zurückgeschnitten Mit den
genannten Sorten passiert das jedenfalls nicht,
denn sie sind resistent bzw. weniger anfällig.

Ich pflücke etwa 1/3
der unreifen, sauren
Stachelbeeren für
Muffins. Die anderen 2/3
lasse ich ausreifen.

SO WERDEN SIE GESCHNITTEN

Rote und Weiße Johannisbeeren und Stachelbeeren tragen ihre
Früchte an Seitentrieben des zwei- bis dreijährigem Holzes.
Jedes Jahr nach der Ernte im Juli werden zwei bis drei ältere
Triebe zugunsten von Neuaustrieben herausgeschnitten. So bleiben
die Sträucher vital. Bei Hochstämmen werden die vier bis sechs
Leitäste jährlich um ein Drittel über einem nach außen weisenden
Seitentrieb zurückgeschnitten. Ab dem vierten Standjahr wird jedes
Jahr ein alter Leitast durch einen Neutrieb ersetzt. Wildtriebe
unterhalb der Krone werden direkt am Stamm entfernt.
Schwarze Johannisbeeren fruchten dagegen eher am oberen Drittel
vorjähriger Triebe. Abgetragene Triebe werden nach der Ernte über
dem Boden entfernt oder auf einen jungen Seitentrieb abgeleitet.
Die Jungtriebe werden nicht eingekürzt!

Himbeeren, Brombeeren & Blaubeeren

Himbeeren und Brombeeren wachsen sehr ausladend, teils überhängend und brauchen viel Platz. Beide Beerenobstarten sind eher was für große Balkone und Terrassen. Am besten bändigt man sie an einem Spalier. Die Erdoberfläche wird mit Waldhumus oder Nadelstreu gemulcht, das gibt ihnen ein bisschen heimatliches Waldgefühl. Himbeeren, und auch Brombeeren, brauchen einen sonnigen bis halbschattigen Standort. Auf einem vollsonnigen Südbalkon vertragen sie die stauende Sommerhitze nur schlecht. Für den Balkonanbau empfehle ich Herbsthimbeeren oder zweimal tragende Himbeersorten. So können Sie auch von einer Pflanze viel ernten. Herbsthimbeeren tragen an vorjährigen und an diesjährigen Ruten. Die bis zu 1,50 m langen Ruten werden an einem gefächerten Spalier angeheftet. Nach der Ernte, die bis in den Oktober hinein andauert,

werden die abgeernteten Ruten geschnitten. Die Hälfte von ihnen wird über dem Boden gekappt, die andere Hälfte wird um ein Drittel gekürzt. Von den diesjährigen Ruten bleiben etwa 3 bis 4 stehen. Himbeeren wachsen so schnell, dass sie schon im zweiten Standjahr in ihrem 30-Liter-Kübel keinen Platz mehr haben. Dann gibt es zwei Möglichkeiten: Die Pflanze kommt in einen größeren Kübel oder sie wird halbiert und wieder in den alten Kübel gesetzt. Die andere Hälfte wird an einen Himbeerfreund verschenkt.

Geeignete Sorten sind 'Sugana', 'Autumn First', 'Autumn Bliss', 'Aroma Queen', 'Zefa' und die goldgelbe 'Golden Queen'. Die fast schwarze Sommerhimbeere 'Black Jewel' sorgt für farbliche Verwirrspiele, sieht sie doch den Brombeeren sehr ähnlich.

Himbeeren und Brombeeren sind reif, wenn sie voll ausgefärbt sind und sich leicht vom Strauch lösen lassen. Muss man noch kräftig ziehen, sind die Früchte noch sauer und wenig aromatisch.

Experiment „Brombeere"

Experiment? Ja, denn es ist ein Wagnis, sich Brombeeren auf den Balkon zu holen. Balkone sind nun einmal begrenzte Räume, die eine Brombeere mit ihren mehr als 2,50 m langen, bestachelten Trieben schnell erobert. Sie lässt niemanden mehr an sich vorbei, ohne an der Kleidung zu zupfen oder über die Haut zu kratzen. Wer es trotzdem wagen möchte, nimmt die kompakte, aufrecht wachsende, dornenlose Sorte 'Navaho' für das Experiment „Brombeere auf dem Balkon". Ihre nur 1,50 m langen Triebe kann man gut an einem Holz- oder Drahtspalier bändigen. Nicht mehr als sechs Triebe, auch Ruten genannt, werden an dem Spalier gezogen. Mehr würde eine Brombeere im Kübel schnell erschöpfen. Von den sechs Trieben sind je drei einjährige Ruten und drei, die Früchte tragen. Im Sommer werden alle Seitentriebe auf zwei bis drei Knospen rigoros zurückgeschnitten. Nur so hält man die Brombeere in Schach. Nach der Ernte im August werden die abgeernteten Ruten über dem Boden abgeschnitten und drei neue junge Ruten aufgebunden. Die Brombeere braucht einen etwa 40 bis 60 Liter großen Kübel, z.B. eine Mörtelwanne. Die Ruten werden im Winter mit Vlies und Strohmatten abgedeckt.

> **Himbeeren, Brombeeren, Johannis- und Stachelbeeren brauchen strukturstabile Kübelpflanzenerde, damit sie es viele Jahre im Topf aushalten.**

Heidelbeeren & Honigbeeren

Kultur-Heidelbeeren haben besondere Ansprüche an Erde und Gießwasser: Sie werden in Rhododendronerde gepflanzt, die einen niedrigen pH-Wert hat. In normaler Blumenerde würden sie nicht gut wachsen und kränkeln. Gegossen wird mit kalkarmem Regenwasser oder entkalktem Wasser. Ein Rhododendrondünger gibt wichtige Nährstoffe. Ab Juni können die großen Blaubeeren geerntet werden, zum Beispiel von der etwa 40 cm hohen 'Top Hat' oder von der etwa 60 cm hohen 'Sunshine'.

Frühestes Beerenernten ist mit Honigbeeren (*Lonicera kamtschatica*) möglich. Ende Mai, noch vor den Erdbeeren, sind die kleinen, länglichen dunkelblauen Früchte reif, die geschmacklich an Heidelbeeren erinnern. Sie sind selbstfruchtbar, zur besseren Befruchtung sollte man sich jedoch zwei Sorten, z.B. 'Amur', 'Fialka' oder 'Morena', holen.

Einfach bis raffiniert: Rezepte mit Beeren

Sommerzeit ist Beerenzeit. Ich probiere dann gern Rezepte aus, die aus der kleinen Menge Beeren viel herausholen. So entstehen exquisite Produkte, die ich entweder selbst genieße oder guten Freunden schenke.

Für mein Frühstücks-Müsli sammle ich mir im Sommer gern eine Handvoll Beeren. So einfach kann Frische sein! Etwas raffinierter ist es, den Extrakt, das Aroma, aus den Früchten zu ziehen. Dafür gibt es zwei Möglichkeiten: mit Essig oder mit hochprozentigem Alkohol. Alle Beeren eignen sich dafür. Für den Beerenlikör wird ein Einweckglas zur Hälfte mit Beeren gefüllt. Darauf kommt eine etwa 1 cm hohe Schicht weißer Kandiszucker und dann wird mit einem mindestens 40%igem Schnaps aufgefüllt, zum Beispiel Wodka. Diesen Ansatz stelle ich für vier bis sechs Wochen dunkel. Dann wird abgeseiht und der Likör in eine kleine Flasche gefüllt. Sehr edel ist ein Schwarzer Johannisbeerlikör, mit dem man im Handumdrehen einen „Kir Royal à la Balkonien" zaubert. Für den Fruchtessig geht man ähnlich vor. Die Früchte werden in ein Einweckglas gefüllt und mit einem milden Essig, zum Beispiel einem weißen Balsamico, aufgefüllt. Diesen Ansatz stelle ich hell auf und lasse ihn drei bis vier Wochen ziehen. Dann wird abgeseiht und in schöne Flaschen abgefüllt. Mit den fruchtigen Essigen rühre ich eine Vinaigrette für Blattsalate an.

Schnelles Dessert

Griechischer Sahnejoghurt mit Erdbeeren und Heidelbeeren, frisch gepflückt auf Balkonien.

Leckerer Likör

Aus einer Handvoll Himbeeren und Wodka wird ein feiner Likör, den man pur auf Eis oder als Spritzer im Sekt genießt.

Beerentarte

Zutaten für den Teig:
125 g Mehl
1 Eigelb
60 g weiche Butter
1 EL Zucker
1–2 EL kaltes Wasser
etwas Paniermehl

Zutaten für die Vanillecreme:
150 g Crème fraîche
20 g Zucker
1 Päckchen Vanillezucker
½ EL Vanillepuddingpulver
1 Ei
400 g gemischte Beeren
etwas Puderzucker

Zutaten für den Mürbeteig zu einem glatten Teig verarbeiten und 30 Minuten kalt stellen. Eine kleine Tarteform (etwa 10 x 30 cm) fetten und mit Mehl bestäuben. Den Teig ausrollen und in die Form legen. Dabei den Rand hochziehen. Auf den Boden dünn Paniermehl streuen. Die Zutaten für die Vanillecreme verrühren und auf den Tarteboden geben. Bei 200 °C auf der unteren Stufe im vorgeheizten Backofen etwa 35 bis 40 Minuten backen. Dann auskühlen lassen. Vor dem Servieren die geputzten Beeren auf der Tarte verteilen und mit Puderzucker bestäuben.

Ballerinas und schlank wachsende Obstgehölze werden etwa alle drei Jahre in einen größeren Topf gesetzt, beginnend bei einem Topf mit 25 Liter Inhalt.

Apfel, Birne & Co.

Obstbäume für den Balkon sind besondere Bäume. Sie wachsen entweder sehr schlank, sind kompakt oder werden als schmales Spalier an der Wand gezogen. Und manchmal braucht man zwei von einer Art, damit es was zu ernten gibt. Seit ein paar Jahren gibt es immer mehr zwergwüchsige Obstsorten im Handel. Durch eine natürliche Mutation wachsen die Bäumchen zwar klein und kompakt, die Früchte sind jedoch normal groß. Diese Zwerg-Sorten, etwa der Apfel 'MiniCox' oder die Pflaume 'Jojo', wachsen nur sehr langsam und werden maximal 180 cm hoch. So halten sie lange Zeit im beengten Topf aus. Einen Wermutstropfen jedoch haben die Zwerge gegenüber den normalwüchsigen Obstbäumen für den Garten: Sie altern schneller. Nach etwa 15 Jahren sind die Bäume erschöpft und tragen kaum noch Früchte.

Rank und schlank: Säulenobst

Säulenförmig wachsende Obstsorten brauchen nur wenig Raum. Perfekt für Balkone, Terrasse und kleine Gärten. Doch Säule ist nicht gleich Säule. Man unterscheidet die echten Säulen- oder Columnar-Sorten von einfach nur schlank wachsenden Sorten. Beide sind durch natürliche Mutation und traditionelle Züchtung entstanden. Erstere tragen das Columnar-Gen in sich, das dafür sorgt, dass die Seitentriebe kurz bleiben und die Früchte nahe am Stamm wachsen. Columnar-Säulenobst gibt es mit einer Birnen-Ausnahme ('Decora') bisher nur bei Äpfeln. Es sind die sogenannten Ballerina-Äpfel (z.B. 'Flamenco'). Ballerinas sind pflegeleicht und brauchen nur selten Korrekturschnitte (siehe Seite 96). Die Säulenbäume können bis zu 4 m hoch werden. Das kann für einen überdachten Balkon aber schon zu hoch sein. Der schlanke Wuchs einiger Sorten von Birne, Pflaume, Kirsche und Nektarine kommt von ungewöhnlich steil aufrecht wachsenden Seitentrieben. Sie brauchen im Gegensatz zu den Ballerinas regelmäßigen Sommerschnitt (siehe Seite 96). Mittlerweile gibt es auch säulenförmig wachsende Zwerge, die kleiner als 2 m bleiben, z.B. die Süßkirsche 'Garden Bing' und der Apfel 'Cactus'.

Aufgepasst: Manche als Säule angebotene Sorte ist nur durch Schnitt so schmal geworden und würde ohne aufwendigen Schnitt schnell in die Breite wachsen. Eine Auswahl empfehlenswerter Zwergsorten und schlank bleibender Sorten finden Sie in der Übersicht auf Seite 132.

Spalierobst

Apfel- und Birnenspaliere werden aufwendig durch Schnitt schmal gehalten. So nehmen sie zwar nur wenig Raum ein, müssen jedoch mehrmals im Jahr geschnitten werden. Für den Anfang empfehle ich, es mit einem vorgeformten Apfel- oder Birnen-U-Spalier zu probieren. Das U-Spalier ist übersichtlich geometrisch geformt. Für Spaliere im Topf sollten sie auf schwachwachsende Unterlagen veredelt sein. Oder Sie kaufen sich ein junges veredeltes Bäumchen und erziehen das Spalier selbst. Fragen Sie bei einer Baumschule in Ihrer Nähe nach Veredelungen für die Spaliererziehung im Topf. Das Spalier wird entweder an einem Drahtgerüst an der Hauswand oder freistehend an einem Gerüst aus Bambusstangen erzogen. Kirschen, Pflaumen, Pfirsiche und Aprikosen sind etwas anspruchsvoller in der Erziehung, denn sie werden ihrem Wuchsverhalten entsprechend v-förmig als sogenannte Palmetten gezogen. Einen entscheidenden Vorteil haben die Spalierbäume jedoch: Es können auch alte Gartensorten auf den Balkon geholt werden.

REISE-TIPP: OBST IN SCHERBEN

Schon im Barock haben die Hofgärtner die Kunst beherrscht, normalwüchsige Obstbäume durch aufwendigen Schnitt zwergig zu halten. Das Bonsai-Obst wurde in Töpfen oder wie man damals sagte in „Scherben" gehalten. Bei großen Anlässen wurde es auf die Speisetafeln gestellt, damit sich die Gäste ihren Nachtisch selbst pflücken konnten. Um die Bäumchen so klein zu halten, wurden nicht nur die Kronen, sondern auch die Wurzeln regelmäßig geschnitten. Eben wie bei Bonsai. Eine große Sammlung Bonsai-Obst kann man im Landschloss Zuschendorf bei Pirna besichtigen.

Befruchter gesucht

Manchmal braucht's zwei Obstbäumchen, damit es mit dem Früchtesegen auch klappt. Denn einige unserer Obstarten sind selbstunfruchtbar, das heißt, der Pollen einer Sorte kann dieselbe Sorte nicht befruchten, sondern nur der Pollen einer anderen Sorte. Apfel und Birne sind in den allermeisten Fällen selbstunfruchtbar. Sie brauchen eine zweite Sorte, die die Blüten bestäubt. Ballerina-Äpfel und Zwerg-Äpfel können von den meisten anderen Apfelsorten, auch den Zieräpfeln in Parks, gut bestäubt werden. Da reicht meist ein Bäumchen, um einige Äpfel zu ernten. Mit einer zweiten Sorte in der Nähe wäre der Fruchtansatz besser. Apfel-Spaliere brauchen in jedem Fall eine zweite Sorte. Alle Birnensorten, auch die zwergigen, brauchen spezielle Bestäubersorten. Die passenden Partner finden Sie in Tabellen oder Sie lassen sich in der Baumschule beraten. Ein bisschen einfacher ist es beim Steinobst. Denn hier gibt es sowohl selbstfruchtbare als auch selbstunfruchtbare Sorten. Die in den Tabellen auf Seite 132 genannten Pfirsich-, Aprikosen-, Pflaumen- und Kirschsorten sind selbstfruchtbar.

Wann ist eigentlich Erntezeit?

Schön sehen die blauen Pflaumen und rotbackigen Äpfel zwischen den grünen Blättern aus. Aber wann sind sie eigentlich reif? Grundsätzlich gilt, sobald die typische Farbe ausgeprägt ist, sind die Früchte auch reif. Auf dem Sortenetikett kann man einen ungefähren Zeitraum ablesen, beispielsweise Juli bis August. Ich pflücke ab und an eine Frucht und probiere sie. Nur so findet man heraus, ob die Früchte schon süß und saftig sind. Reife Pflaumen erkennt man daran, dass sich die Stiele leicht von den Ästen lösen lassen und die Fruchtstiele runzelig sind. Aprikosen und Pfirsiche sind reif, wenn sie sich weich anfühlen. Ein Probeschnitt durch den Apfel offenbart braune Kerne anstelle von weißen. Birnen muss man ab der angegebenen Reifezeit immer mal wieder probieren, um den besten Erntezeitpunkt zu erkennen.

Drei Tipps für eine gute Ernte

★ Aprikosen und Pfirsiche blühen schon sehr zeitig im Jahr. Die Gefahr ist dann groß, dass die zarten Blüten von Spätfrost zerstört werden. Blühende Bäumchen werden darum bei Spätfrostgefahr mit Vlies oder Zeitungspapier abgedeckt.

★ Sind während der Blütezeit nur wenige Bienen und Hummeln unterwegs, kann man die Pollen mit einem Pinsel von einer Blüte auf die nächste übertragen.

★ Obstbäume werden ausgedünnt, das heißt, es werden bewusst junge Früchte entfernt, um die übrig gebliebenen zu fördern. Bei Äpfeln und Birnen wird eine Frucht pro Blütenbüschel gelassen. Beim Pfirsich werden so viele der murmelgroßen Früchte herausgeschnitten, bis nur noch alle 10 bis 15 cm eine Frucht hängt.

So wird Balkonobst geschnitten

Ein regelmäßiger Pflegeschnitt hält die kleinen Obstbäume gesund und jung und sie tragen viele, große Früchte. Zum Glück ist der Schnitt nicht so aufwendig. Spaliere fordern da schon etwas mehr Aufmerksamkeit von uns.

Der beste Zeitpunkt für solch regulierende Schnittmaßnahmen ist für Apfel und Birne im Spätwinter oder im zeitigen Frühjahr. Wichtig ist, dass es nicht frostig ist bzw. die Bäume noch nicht ausgetrieben haben. Werden bereits ausgetriebene Bäume geschnitten, raubt man ihnen die Energie, die sie schon in Blätter und Blüten gesteckt haben. Ohne Laub an den Trieben kann man auch die Struktur der Krone besser erkennen. Kirschen, Pflaumen und Aprikosen werden dagegen gleich nach der Ernte im Sommer geschnitten. Generell gilt: Je stärker der Rückschnitt, desto stärker der Neuaustrieb.

Obst-Zwerge schneiden

In den ersten drei bis vier Jahren brauchen die kleinen Obstbäume keinen Schnitt. Danach werden in jedem Winter sich kreuzende oder aneinander reibende Triebe herausgeschnitten. Dabei lässt man entweder den stärkeren, den jüngeren, den nach außen weisenden oder den waagerecht stehenden Trieb übrig. Wachsen beide Triebe eher steil, schneidet man beide weg oder kürzt einen auf zwei bis drei Knospen ein. Wichtig: Die oberste Knospe sollte nach außen weisen. Nach innen wachsende Triebe werden ebenfalls entfernt, hier bekommen die Früchte nicht genügend Licht. An nach unten wachsenden Trieben wachsen ebenfalls keine guten Früchte

Seien Sie mutig und lichten Sie Ihre Obstbäumchen regelmäßig aus. Schneiden Sie überzählige Seitentriebe dicht am Ansatz auf den Astring zurück.

mehr. Waagerechte Triebe bleiben stehen und werden auch nicht eingekürzt. Hier reifen besonders gute Früchte. Nach drei bis vier Jahren Standzeit werden einzelne ältere Triebe am Ansatz entfernt, um neues Wachstum anzuregen.

Säulenobst schneiden

Ballerina-Äpfel bleiben auch ohne Schnitt schlank. Nur wenn längere Seitenäste erscheinen, werden diese auf zwei Augen zurückgeschnitten, wobei die letzte Knospe nach außen weist. Um den Baum auf die gewünschte Stammhöhe zu kürzen, wird der Stamm über einem kurzen Seitentrieb abgeschnitten. Das macht man jedoch erst nach sechs bis acht Standjahren, sonst werden die Seitentriebe dazu angeregt, steil und lang zu wachsen. Diesen Schnitt führt man am besten im August durch, wenn der Baum in Ruhe ist und nicht mehr stark austreibt. Die schlank wachsenden Sorten von Steinobst und Birnen brauchen dagegen regelmäßigen Schnitt.

Im Juni werden die Seitentriebe auf 10 cm zurückgeschnitten. Der darauf folgende Neuaustrieb wird im August auf 5 cm zurückgeschnitten. So bleibt der schlanke Wuchs erhalten.

Alle Triebe, die nicht mehr der Säulenform entsprechen, werden beim Winterschnitt am Ansatz entfernt oder auf 2 bis 3 Knospen zurückgenommen.

Spalierobst in Form bringen

Nehmen Sie sich für den Spalierschnitt immer etwas Zeit. Der Hauptschnitt wird auch hier im Winter durchgeführt. Alle Triebe, die aus der Spalierform, zur Wand und zu steil wachsen, werden am Stamm entfernt. Sie stören das Grundgerüst. Treten Sie immer mal wieder einen Schritt zurück und betrachten Sie den Baum. Ist die Spalierform wiederhergestellt? Hängt noch irgendwo ein störendes Ästchen?

Apfel- und Birnenspaliere werden im Sommer zweimal zurückgeschnitten. Beim ersten Schnitt im Juni werden junge Seitentriebe auf drei bis vier Knospen zurückgenommen. Der Neuaustrieb wird im August über der zweiten oder dritten Knospe von unten gekappt. Im Winter wird zu dicht stehendes Fruchtholz an den Spalierarmen ausgelichtet. Bei Aprikosenfächern werden jedes Jahr nach der Ernte etwa 20 Prozent der fruchttragenden Triebe auf die unterste Knospe zurückgeschnitten. Die Fruchttriebe sollten einen Abstand von 10 bis 15 cm untereinander haben. Gerüstäste werden auf einen jüngeren Ast zurückgenommen. Sauerkirschen und Pfirsiche blühen und fruchten am einjährigen Holz. Daher werden die abgeernteten Triebe gleich nach der Ernte auf einen jungen Seitentrieb zurückgesetzt.

SCHARFER SCHNITT

Dünne Äste bis 15 mm werden mit einer scharfen Bypass-Gartenschere geschnitten. Dickere Äste bis 40 mm schafft eine Astschere. Alles, was darüber geht, wird am besten mit einer Bügel- oder Schwertsäge durchgeführt. Lassen Sie keine Aststummel zurück. Das sind Eintrittspforten für Holzkrankheiten und schwächen den Baum. Nach dem Schnitt werden die Scheren mit einem feuchten Tuch gereinigt. Sind die Scheren nicht mehr scharf, werden die Schnitte unsauber. Lassen Sie die Scherenblätter dann nachschleifen.

Urlaubserinnerungen

Balkone und Terrassen sind dank ihres warmen und geschützten Kleinklimas ein Refugium für manch mediterranes und tropisches Obst. Geben Sie unseren Exoten das wärmste und sonnigste Plätzchen überhaupt. Den Winter verbringen sie dann lieber drinnen.

Feigen

Robust und damit bestens für unsere Breiten geeignet ist die 'Bayernfeige Violetta'. Ihre Früchte sind schon im Sommer reif. Mit etwas Glück gibt es sogar noch eine zweite Ernte im Oktober. Feigen (*Ficus carica*) vertragen keine nasse Erde, darum wird die Kübelpflanzenerde mit 1/3 Blähton vermischt. So fließt überschüssiges Wasser schnell ab. Alle 14 Tage wird das Feigenbäumchen gedüngt. Die 'Bayernfeige' verträgt zwar kurzzeitig Frost, man stellt sie aber trotzdem Anfang November in einen 2–5 °C kühlen Raum.

Passionsfrüchte

Bekannt sind die Passionsblumen (*Passiflora edulis*) oder Maracujas eher wegen ihrer spektakulären Blüten. Doch sie tragen auch Früchte, wenn man sie lässt. Die hühnereigroßen grünen oder violetten Früchte sind reif, wenn sie auf Druck leicht nachgeben. An einem Spalier klettern die meterlangen Triebe in luftige Höhen empor. Bevor sie Ende Oktober ins kühle Winterquartier geräumt werden, kürzt man diese Triebe auf wenige Augen ein. Das spart Platz.

Pepinos

Die kompakten Pepino-Pflanzen (*Solanum muricatum*) wachsen gern überhängend in Blumen-ampeln. Sie können auch dreitriebig an einem Spalier gezogen werden. Anzucht und Pflege sind ganz ähnlich wie bei den verwandten Tomaten. Die Birnenmelonen reifen rasch, schon acht Wochen nach der Blüte sind die grünlich gelben Früchte mit den lila Streifen reif. Üblich ist es, jedes Jahr neu auszusäen. Die Pflanzen können aber auch hell und kühl überwintert werden.

Kapstachelbeeren

Noch eine pflegeleichte Tomatenverwandte: Kapstachelbeeren (*Physalis peruviana*) oder Anden-beeren brauchen im Sommer nur täglich Wasser und wöchentlich einen flüssigen Volldünger. Dann legen sie ordentlich an Blattmasse zu und blühen überreich. Die Lampionfrüchte reifen erst sehr spät im Oktober. Die gelbfrüchtige Ananaskirsche (*Physalis pruinosa*) wird nur 70 cm hoch. Ihre Früchte reifen bereits ab Ende Juli. Beide Arten können hell und kühl überwintert werden.

Kiwano

Kiwanos (*Cucumis metuliferus*) sehen zwar exotisch aus, sind aber sehr anspruchslos. Die Gurken-verwandten wachsen sehr stark und brauchen eine Kletterhilfe. Die Seitentriebe kürzt man kräftig ein. Die Früchte schmecken leicht nach Gurke, aber mit fruchtig-zitroniger Note. Geerntet wird ab August, wenn sich die Kiwanos oder Horngurken von Grün nach Gelb färben. Eine Überwinterung lohnt nicht, es wird jedes Jahr neu ausgesät.

Wein & Kiwi

Süße Weinbeeren und exotische Mini-Kiwis wissen das mediterrane Klima auf Südbalkonen zu schätzen. Ihre langen Triebe werden an einem Spalier an der Hauswand oder am Balkongeländer gezogen. Kiwis wachsen so stark, dass man sich hinter ihren Blättern im Sommer gut verstecken kann. Doch brauchen die beiden Kletterer stabile Gerüste und einen beherzten Schnitt, damit sie uns nicht über den Kopf wachsen und den Balkon für sich allein beanspruchen.

Ein Weinstock im Topf

Ich habe meinen blauen Wein 'Muscat bleu' relativ schmal und kompakt als sogenannten einarmigen Kordon erzogen. So braucht er nur einen dicken Bambusstab als Stütze. Für den einarmigen Kordon habe ich im ersten Jahr einen kräftigen Trieb an den Stab geheftet und ihn in etwa einem Meter Höhe über der Veredlungsstelle gekappt. Alle anderen Triebe am Weinstock, auch die Seitentriebe, habe ich entfernt. Im zweiten Jahr bilden sich Seitentriebe, die blühen und Früchte tragen. Den obersten Seitentrieb hefte ich wieder an den Stab und schneide ihn in der Höhe ab, in der ich ihn brauche. Alle einjährigen Triebe, die neben diesem Haupttrieb austreiben, schneide ich weg. Im Juli kürze ich alle Triebe ohne Fruchtansatz auf zwei Blätter ein. Alle Triebe mit Fruchtansatz werden nach dem zehnten Laubblatt gekappt.

Schauen Sie bei der Sortenwahl nicht nur auf die Farbe der Trauben, sondern auch darauf, dass die Pflanzen mehltauresistent sind. Sehr starkwüchsige Sorten eignen sich nicht für den Balkon. Besser sind schwächer wachsende Sorten wie die weißfrüchtigen 'Phönix', 'Palatina' und

'Lakemont'. Blaue Sorten sind zum Beispiel 'Regent' und 'Ontario', rote Sorten sind die kernlose 'Vanessa' und 'Kischmisch Lutschistji'. Die Weinpflanze wird so tief in Erde gesetzt, dass die knubbelige Veredlungsstelle ein paar Zentimeter über der Erde liegt. Damit mir Wespen und Vögel die Ernte nicht streitig machen, hülle ich die reifenden Trauben in Gaze oder Fliegengitterstoff. Rebstöcke sind zwar winterhart, doch sind die Wurzeln in den Töpfen sehr gefährdet. Meinen 'Muscat bleu' wickle ich in Luftpolsterfolie und Jutesack ein, mit einer isolierenden Schicht trockenem Weinlaub dazwischen.

Mini-Kiwis

Ihre Früchte sind etwa stachelbeergroß, haben eine glatte Schale, die man auch noch mitessen kann. Die Mini-Kiwis (*Actinidia arguta*) sind in der Regel zweihäusig. 'Fresh Jumbo' und 'Red Jumbo' sind weibliche Sorten, die für Mini-Kiwis relativ große Früchte ansetzen. Dafür ist jedoch eine männliche Befruchtersorte nötig (z.B. die Sorte 'Romeo'). Dann kann im Oktober geerntet werden. Da Kiwis recht stark wachsen, würden zwei Pflanzen aber ganz schön viel Platz für andere leckere Balkonpflanzen rauben. Zum Glück gibt es selbstfruchtbare Sorten, die auch ohne Partner genügend Früchte ansetzen, zum Beispiel die grünfruchtige 'Issai' und die rotschalige 'Weiki'. Kiwis werden am besten am Spalier an der Hauswand gezogen. Dafür werden

die Seitentriebe links und rechts des Haupttriebes angeheftet. Nun wird jeder Seitentrieb so geschnitten, wie es zuvor für den einarmigen Wein-Kordon beschrieben ist. Triebe, an denen Früchte hängen, werden im Sommer auf 8 bis 10 Blätter hinter den Früchten eingekürzt. Im Winter werden diese Triebe dann auf 3 bis 4 Augen zurückgeschnitten. Hier wachsen die neuen fruchttragenden Triebe.

Die großen, aus dem Supermarkt bekannten Kiwis (*Actinidia deliciosa*) brauchen noch mehr Platz und wuchern kleine Balkone schnell zu. Die Früchte werden erst im November reif. Auch hier gibt es zum Glück selbstfruchtbare Sorten wie 'Jenny'.

SPALIERE AN DER HAUSWAND VERANKERN

Wein- und Kiwiranken können ganz schön schwer werden. Damit die Spaliere unter dem Gewicht nicht brechen, werden sie am besten mit Dübeln und Ösen an der Hauswand verankert. Dafür müssen alle 60 bis 100 cm Löcher gebohrt werden. Für Wände mit Wärmedämmung gibt es spezielle Seilsysteme. Seile und Gerüste werden nicht direkt auf die Wand gelegt, sondern mit mehreren Zentimetern Abstand. Fragen Sie vorher jedoch Ihren Vermieter, ob das Bohren gestattet ist!

Kumquat, Limette & Co.

Mit den kleinen Zitrusbäumchen zieht mediterrane Urlaubsstimmung auf Terrasse und Balkon. Kumquats sind von Natur aus kompakt und haben eine rundliche Krone mit vielen kleinen Blättern. Sie werden maximal 1,5 m hoch, und das auch erst nach mehreren Jahren. Die zahlreichen weißen, duftenden Blüten erscheinen von Frühjahr bis Sommer. Die runden bis ovalen, orange gefärbten Früchte schmecken süß-säuerlich. Die Schale kann mitgegessen werden. In den Genuss kommt man aber erst im Winter. Kreuzungen mit den Kumquats bleiben zwar ähnlich kompakt, haben aber teils andere Eigenschaften. Die Calamondin, eine Kreuzung mit Mandarinen, ist kälteempfindlich und braucht ein über 10°C warmes, sehr helles Winterquartier. Ihre Früchte bleiben sehr lange dekorativ am Strauch hängen. Aus der Verbindung Clementine mit Kumquat ist die Kucle entstanden. Auch ihre Früchte halten sehr lange. Kucle sind ebenso wie die Kumquats sehr anspruchslos. Die Mini-Kumquat ist in allem kleiner: Sie wird nicht höher als einen Meter und ihre Früchtchen sind gerade mal

Cocktail-Limetten

Alle Limettenarten sind sehr saftreich. Der Saft ist milder als der von Zitronen, aber immer noch quietschesauer. Mit einem kleinen Limetten-bäumchen kann man Cocktails à la Balkonien mit selbstgezogenen Limettenfrüchten mixen! In unseren Breiten bleiben die Limetten nicht grün, sondern färben sich gelblich, wenn sie reif sind. Das liegt an den tieferen Nachttemperaturen. Je nach Überwinterungsart reifen die Früchte im Sommer oder erst im Winter. Bei zu kühler Über-winterung verlieren die Pflanzen ihr Laub und brauchen im Frühjahr sehr lange, bis sie sich davon erholt haben.

Die Mexikanische Limette ist die bekannteste Cocktail-Limette. Etwa doppelt so große Früchte bringt die Sorte 'La Valette'. Orange gefärbt sind die Früchte von 'Santa Barbara'. Süße Limette und Mandarinen-Limette täuschen die Süße nur im Namen vor. Ihr Saft ist sauer, wenn auch nicht ganz so sehr wie der der Limette.

Mandarinen

Schluss mit sauer! Endlich kommen auch die süßen Zitrusfrüchte zum Zug. Zu den Mandarinen zählen die Echten Mandarinen, die Clementinen und Satsumas. Sie alle werden etwa 2,5 m hoch und haben auch ohne Schnitt eine kompakte, dichte Krone. Am aromatischsten sind die Echten Mandarinen (*Citrus reticulata*). Die mittelgroßen, fast kernlosen, saftigen Früchte reifen rasch heran. Ab Spätherbst kann geerntet werden. Mandarinenbäumchen blühen vom Frühjahr bis Frühsommer. Mandarinenblätter enthalten ätherische Öle und duften feinherb. Die Pflanzen können hell und bei etwa 8 bis 10°C überwintert werden.

Kumquats sind sehr kältetolerant und können bis zum ersten Frost draußen bleiben.

KLEINE ZITRUSBÄUMCHEN

Name	Blütezeit	Erntezeit
Calamondin (× *Citrofortunella microcarpa*)	Mai/Juni	Sommer/Winter
Kucle (*Citrus × kucle*)	April/Mai/Juni	Herbst/Winter
Saure Limette (*Citrus aurantiifolia*)	Frühjahr/Sommer	Sommer/Herbst
Clementinen (*Citrus clementina*)	Frühjahr/Herbst	Herbst/Winter
Kaffir-Limette (*Citrus hystrix*)	Frühjahr/Herbst	Herbst/Winter
Persische Limette (*Citrus latifolia*)	Frühjahr bis Herbst	Sommer bis Winter
Süße Limette 'Pursha' (*Citrus limetta*)	Frühjahr bis Herbst	Sommer bis Winter
Mandarinen-Limette (*Citrus limonia*)	Frühjahr bis Herbst	Sommer bis Winter
Mandarine (*Citrus reticulata*)	April/Mai/Juni	Winter
Mini-Kumquat (*Fortunella hindsii*)	Frühjahr	Winter
Runde Kumquat (*Fortunella japonica*)	Juni/Juli	Winter
Ovale Kumquat (*Fortunella margarita*)	Juni/Juli	Winter

Wasser und Nährstoffe im Sommer

Im Sommer brauchen Zitrusbäumchen viel Wasser. Aber Vorsicht! Die Erde sollte vor dem nächsten Gießen abtrocknen können. Die Pflanzen reagieren sehr empfindlich auf Staunässe. Bis vor einigen Jahren hieß es, dass Zitrus kein kalkhaltiges Wasser verträgt. Heute ist bekannt, dass kalkhaltiges Leitungswasser nicht schadet. Im Gegenteil, es liefert sogar das dringend benötigte Kalzium.

Ein handelsüblicher Voll- oder Kübelpflanzendünger ist nichts für Zitruspflanzen. Er enthält meist zu viel Phosphor. Ein Spezialdünger ist dagegen auf den Nährstoffbedarf von Zitruspflanzen abgestimmt. Gelbe Blätter mit grünen Blattadern sind ein Zeichen für Eisenmangel. Der tritt häufig als Begleiterscheinung von phosphorhaltigen Düngern oder zu hohem pH-Wert auf, wodurch das Eisen nicht pflanzenverfügbar ist. Ein Blattdünger mit Eisen schafft schnell Abhilfe. Langfristig hilft es nur, die Pflanze in frische Erde zu setzen und Dünger mit wenig Phosphor zu geben.

Der Wurzelballen sollte schattig stehen. Spannen Sie bei starker Hitze einfach einen Sonnenschirm auf oder legen Sie eine Lage Zeitungspapier über den Ballen.

Calamondin-Orangen und Kumquats geben Schwarzem Tee eine herb-orangige Note, vergleichbar mit Earl Grey.

Das richtige Quartier im Winter

Zitrus ist nicht gleich Zitrus. Jede Art hat unterschiedliche Ansprüche ans optimale Winterquartier. Im geheizten Wohnzimmer wachsen zwar die Blätter weiter, aber es werden keine Blüten gebildet. Und die sind ja die Voraussetzung für eine reiche Ernte! In zu warmen Räumen reifen auch die Früchte nicht aus. Einige Kübelpflanzengärtnereien bieten gegen Miete eine Überwinterung in ihren Gewächshäusern an. Darin enthalten ist auch die Pflege über die Wintermonate.

Hell und kühl bei 5 bis 10 °C werden Mandarinen und Kumquats überwintert, zum Beispiel in der Garage, im Flur oder im ungeheizten Zimmer. Es wird nur alle zwei bis drei Wochen gegossen und nicht gedüngt.

Sehr hell und warm bei 10 bis 15 °C werden Limetten und Calamondin überwintert, zum Beispiel im Wintergarten oder einer beheizten Loggia. Doppelt verglaste Fenster lassen nur wenig Licht durch, das reicht den Pflanzen meist nicht aus. Hier können spezielle Pflanzenleuchten Abhilfe schaffen. Unter optimalen Bedingungen wachsen die Pflanzen normal weiter. Sie werden regelmäßig gegossen und alle vier Wochen gedüngt.

Noch mehr Pflegetipps

Zitruspflanzen brauchen eine strukturstabile, durchlässige Erde, die Blähton enthält. Solche Erde gibt es als Spezialerde zu kaufen oder man mischt Kübelpflanzenerde zu einem Drittel mit Blähton oder Perliten. Eine Abdeckung mit Mulch oder Blähton hält die Erde länger feucht. Alle zwei bis fünf Jahre wird umgetopft, am besten im Frühjahr, denn das kommt dem Wachstumsrhythmus entgegen.

Im März werden die Bäumchen geschnitten. Dabei gelten ähnliche Grundregeln wie bei anderen Obstgehölzen. Die Krone sollte locker sein, damit die Früchte genug Licht bekommen. Zu lange Triebe, die aus der Krone herausragen, können jederzeit zurückgeschnitten werden. Wildtriebe, die unterhalb der Veredlungsstelle wachsen, werden ausgerissen.

Zu den hartnäckigsten Schädlingen an Zitruspflanzen gehören ohne Zweifel Schild-, Woll- und Schmierläuse. Sie sitzen meist unter einem schützenden Schild oder watteartigen Knäueln auf der Blattunterseite, an Trieben oder in Astgabeln. Die Läuse werden mit einem feuchten Schwamm abgewischt. An Trieben und Astgabeln kann auch mal eine alte Zahnbürste zum Einsatz kommen. Wichtig ist, diese Prozedur mehrfach zu wiederholen! In ganz hartnäckigen Fällen kann man auch auf ein Pflanzenschutzmittel zurückgreifen: eine Schmierseifen-Spiritus-Lösung, mit der die Tiere ausgetrocknet werden. Das Rezept für die Schmierseifenlösung auf Seite 124 wird um ein paar Spritzer Spiritus ergänzt.

Im Winterquartier werden Zitrusbäumchen oft Opfer von Spinnmilben. Erste Hilfe: Luftfeuchte mit Wassersprühern erhöhen und nützliche Raubmilben bestellen.

GIBT ES FROSTFESTE ZITRUS?

Die gibt es, zum Beispiel die Dreiblättrige Orange (Poncirus trifoliata). Sie wächst nicht so kompakt wie Kumquat, Limette oder Mandarine und wird etwa 3 m hoch. Ihre Früchte haben eine dicke Schale und viele Kerne. Zum Naschen eignen sie sich kaum. Die Dreiblättrige Orange ist bis zu minus 20 °C frostfest, aber nur wenn sie in den Garten ausgepflanzt ist. Als Kübelpflanze wird sie besser frostfrei bei knapp über 0 °C überwintert.

GARTENTIPP

Wie viel Pflege darf's denn sein?

Kräuter, Gemüse und Obstpflanzen beschenken uns reich, doch dafür erwarten sie von uns ein Mindestmaß an Aufmerksamkeit, etwas Gießwasser und Dünger und eine korrigierende Hand. Die folgenden Seiten verschaffen einen Einblick in die Basics der Pflanzenpflege, verraten, welche Töpfe geeignet sind und wie wir den Blattlausfeind Nummer 1 auf den Balkon locken können.

Samentüten auf und los!

Viele Gemüse und einjährige Kräuter können direkt in Töpfe oder Kästen gesät werden, unter anderem Salat, Radieschen, Basilikum und Dill. Während Salat schon im März ausgesät werden kann, wartet man mit dem wärmeliebenden Basilikum besser bis Ende Mai. Tomate, Chili und Aubergine werden schon im Februar und März auf der warmen Fensterbank vorgezogen. Die Aussaat-Details stehen bei den jeweiligen Porträts.

Anzuchtschalen mit passenden Topfplatten sind sehr praktisch. Die Sämlinge durchwurzeln den Mini-Topf gut und lassen sich besser verpflanzen.

Und so geht's

Ausgesät wird in Aussaaterde. Sie ist frei von Unkrautsamen und nur leicht gedüngt. Genau richtig für die empfindlichen Sämlinge. Nach der Aussaat wird die Erde gut angefeuchtet, am besten mit einem Blumensprüher. Ein harter Strahl aus der Gießkanne kann Erde und Samen leicht ausspülen. Ich nehme gern Kokosfasertöpfchen, in die ich nur wenige Samen säe. Die Töpfchen kann ich später ohne viel Pikieren in größere Töpfe setzen. Eine Aussaatschale tut's aber auch. Bis sich die ersten Sämlinge zeigen, stelle ich meine Töpfchen in ein Zimmergewächshaus. Die Haube nehme ich stundenweise ab, damit sich die Winzlinge an die trockene Zimmerluft gewöhnen. Wenn sich die Sämlinge dicht aneinander drängeln, können sie sich nicht mehr gut entwickeln. Sie müssen vereinzelt oder pikiert werden, wie der Fachmann sagt.

So wird pikiert: Die Sämlinge werden vorsichtig mit einem Pikierstab gelockert und aus der Saatschale gehoben. Die Wurzel wird um etwa ein Drittel eingekürzt. Dadurch bilden sich viele neue Seitenwurzeln, die die Pflanzen später versorgen. Die Sämlinge werden in mit Aussaaterde oder Blumenerde vorbereitete Töpfchen oder Schalen gesetzt. Dafür ein Loch mit dem Pikierstab ins Substrat bohren, den Sämling so tief setzen, dass er bis zu den Keimblättern in der Erde steht, die Erde leicht andrücken und vorsichtig angießen.

Aufgepasst: Die zarten Stängel dürfen nicht knicken! Ich setze immer 3 bis 5 Sämlinge in einen 10 cm großen, eckigen Topf. Darin haben sie genügend Abstand und können gut weiterwachsen, bis sie später endgültig verpflanzt werden.

Convenience, F1-Hybriden und Bio-Samen

Mit Convenience-Produkten ist Aussäen ganz einfach: Das sind Saatscheiben und Saatbänder, in denen die Samen schon im richtigen Abstand zwischen zwei Vliesbahnen abgelegt sind. Vereinzeln ist nicht mehr notwendig. Pilliertes Saatgut macht die Aussaat von feinem Saatgut, z.B. von Möhren und Salat, zum Kinderspiel. Denn das Samenkorn ist durch eine Umhüllung aus Ton um ein Mehrfaches vergrößert. F1-Hybriden versprechen bessere Eigenschaften, etwa Resistenz gegenüber Pilzkrankheiten, ausgewogenes Aroma und kompakten Wuchs. Sie entstehen, wenn zwei Elternlinien miteinander gekreuzt werden. Damit die besonderen Eigenschaften erhalten bleiben, müssen die Samen immer wieder neu durch Kreuzung hergestellt werden. Das macht die Samen teurer und wir müssen neue kaufen, wenn das Tütchen alle ist. Sät man selbstgesammelte Samen der F1-Hybriden wieder aus, haben die Pflanzen manchmal nicht mehr die selben Eigenschaften wie die F1-Hybriden.

Samenechte Sorten dagegen können aus Samen nachgezogen werden, ohne dass sich die Eigenschaften verändern. Bio-Saatgut wird nach den Richtlinien des Ökologischen Landbaus produziert: Es werden unter anderem keine künstlichen Dünger und keine chemischen Pflanzenschutzmittel eingesetzt.

Samen selbst sammeln

Der Dill macht es allein und auch der Borretsch wird selbst aktiv. Beide säen sich mit Vorliebe selbst aus und überraschen mich im Frühjahr damit, welchen Topf oder Kasten sie wieder erobert haben. Im Sommer und Herbst sammle ich Samen von Drachenkopf, Ringelblume, Schnittlauch, Gewürz-Tagetes und Kapuzinerkresse. Die Samen sollten trocken und fest sein. Ich lagere sie in kleinen Papiertütchen, auf denen ich Art und Sammeljahr notiere. Auch von Chili, samenechten Tomatensorten, Kapstachelbeere, Pflücksalat und Rucola lohnt es sich, die Samen zu sammeln.

Kräuter und Obst vermehren

Mehrjährige Kräuter, Erdbeeren und Obstgehölze werden vor allem über Stecklinge, Ausläufer und Teilen vermehrt. Der Vorteil: Man hat schneller eine blühende und fruchtende Pflanze. Die Eigenschaften der Mutterpflanze übertragen sich eins zu eins auf die Tochterpflanzen. Sät man dagegen aus, dauert es manchmal Jahre, bis man eine ertragreiche Pflanze hat.

Einen Wurzelstock teilen

Schnittlauch, Schnitt-Knoblauch, Zitronen-Melisse und Minze werden geteilt. Dafür wird im Frühjahr oder Herbst der Wurzelballen aus dem Topf genommen und mit den Händen in zwei oder mehr Teile auseinander gezogen. Der Wurzelballen von Schnittlauch ist oft viel zu fest, um ihn mit den Händen zu teilen. Ich nehme mir ein scharfes Messer zu Hilfe und schneide ihn in fünf oder sechs Teilstücke, die ich in frische Erde setze. Thymian und Rosmarin lassen sich auch gut teilen, nur muss man das etwas vorsichtiger angehen. Am besten geht das mit mehrtriebigen Pflanzen. Dabei sollte jede neue Pflanze genügend eigene Wurzeln haben und am Wurzelstock nicht zu stark beschädigt werden. Die geteilten Pflanzen werden in den nächsten Wochen schattig aufgestellt und vorsichtig gegossen. Dann erholen sie sich schnell von der doch recht rabiaten Behandlung.

Alle drei bis vier Jahre ersetze ich alte Erdbeerpflanzen durch neue. Das geht ganz einfach mit den Ausläufern, die ich rund um die Mutterpflanze in kleine Töpfchen setze. Wald- und Monatserdbeeren bilden nur wenige Kindel. Hier kann man im Frühjahr die Samen einer vollreifen Erdbeerfrucht aussäen.

Ausläufer und Absenker einsetzen

Erdbeeren treiben im Sommer viele Ausläufer, die bereits winzige, vollausgebildete Erdbeerpflanzen sind. Dort, wo diese Kindel auf der Erde aufliegen, bilden sie Wurzeln und wachsen an. Ich vermehre nur die kräftigsten Pflänzchen und lasse sie an der Mutterpflanze, bis sie eingewurzelt sind und sich selbst versorgen können. Kleine Kindel schneide ich weg, sie sind zu schwach. Die Ausläufer von Minze, Monarde und Estragon wachsen teils unter der Erde. Um diese Kräuter zu vermehren, leite ich die Ausläufer neben der Mutterpflanze in einen Topf und stecke sie mit einer Grabnadel fest. Bereits bewurzelte Stücke trenne ich gleich ab und setze sie ein. Absenker werden von verholzten Trieben von Rosmarin, Salbei, Oregano und Thymian, aber auch von Johannisbeeren und Stachelbeeren gemacht. Auch bei dieser Methode bleiben die Triebe an der Pflanze. Sie werden im unteren Bereich entlaubt und an der zur Erde geneigten Seite flach angeschnitten. Dann werden diese Absenker in einem Topf mit Erde fixiert. Sobald die Triebe eingewurzelt sind, können sie von der Mutterpflanze getrennt werden.

Ich tauche Stecklinge vor dem Stecken noch in Bewurzelungspuder (z.B. Neudofix). Das fördert die Wurzelbildung.

Stecklinge bewurzeln

Vor allem Kräuter können über Stecklinge schnell vervielfacht werden. Kopfstecklinge sind die oberen 5 bis 10 cm eines nichtblühenden Triebes. Ich schneide sie mit einem scharfen Messer ab. Die unteren Blätter werden entfernt. Teilstecklinge sind grüne, schon leicht verholzte Triebe, die in mehrere Teilstücke mit ein oder zwei Blattpaaren geschnitten werden. Kopf- und Teilstecklinge steckt man sofort in angefeuchtete Aussaaterde und gießt nochmal an. So schmiegt sich die Erde dicht an die Stängel. Unter einer Haube oder in einem Mini-Gewächshaus entwickeln die Stecklinge nach wenigen Wochen Wurzeln. Sobald sie beginnen auszutreiben, wird die Haube stundenweise abgenommen. Sicherheitshalber überwintern die jungen Pflanzen im ersten Jahr auf der Fensterbank. Ich stelle Stecklinge auch gern in ein Wasserglas, z.B. von Minze und Basilikum. So kann ich sehen, ob sich schon Wurzeln gebildet haben. Ein Stück Holzkohle im Wasser verhindert, dass sich Bakterien und Pilze ausbreiten und die Stecklinge womöglich faulen. Sind die Stecklinge bewurzelt, werden sie eingetopft.

Pflanze sucht Topf

Egal ob rustikaler Holzkübel, eleganter Zinkeimer, mediterranes Terrakotta oder bunter Kunststoff-kasten: Je größer der Topf, desto besser wachsen Johannisbeere, Tomate und Salbeistrauch. Die Wurzeln haben viel Platz und das Substrat trocknet nicht so schnell aus. Für Obstgehölze dürfen die Töpfe ruhig 30 Liter und mehr an Volumen haben. Schließlich sollen die Bäumchen mehrere Jahre darin leben. Tomaten, Zucchini und die raum-greifenden Kopfkohle bekommen Töpfe mit min-destens 15 Liter Topfvolumen. Die Töpfe sollten mindestens 25 cm hoch sein. Salate, Radieschen und Kohlrabi gedeihen auch in kleineren Töpfen oder schmalen Balkonkästen. Staunässe ist ein Graus für fast alle Pflanzen. Kann das Wasser nicht abfließen, faulen die Wurzeln und sterben ab. Achten Sie darum auf Abflusslöcher im Gefäß Ihrer Wahl. Sind keine vorhanden, werden sie mit einem Handbohrer oder einem Elektrobohrer in den Topfboden gebohrt. Auf den Boden werden Tonscherben und in hohen Kübeln zusätzlich noch eine 5 cm dicke Schicht Blähton gefüllt. Mit den Jahren sammeln sich die Tonscherben ganz von allein, doch zu Anfang habe ich mir ein paar Tontöpfe gekauft und mit dem Hammer zerschla-gen. Gefäße aus Terrakotta bringen ganz schön viel Eigengewicht auf die Waage, auch ohne Erde und Pflanzen. Balkone haben nur eine begrenzte Tragfähigkeit von etwa 250 kg/m². Kunststoff ist ein wahres Leichtgewicht. Und es gibt ihn auch in täuschend echter Terrakotta-Optik. Sogenannte BacSacs sind reißfeste, leichte Pflanztaschen aus Geotextil, die eher an die unkonventionellen Reissäcke und Big Bags erinnern, die im Urban Gardening als Pflanzgefäße verwendet werden. Es kann auch gleich in Erdsäcken gegärtnert werden. Dafür stellt man den Sack am besten hochkant und schneidet ihn oben auf. So haben die Pflanzen viel Wurzelraum. Werden die Säcke dagegen flach hingelegt, passen zwar mehr Pflanzen rein, doch die Erde trocknet auch schneller aus.

UMTOPFEN: ALLE JAHRE WIEDER?

Obstgehölze, Erdbeeren und mehrjährige Kräuter werden etwa alle 2 bis 4 Jahre umgetopft, je nachdem, wie schnell das Gefäß durchwur-zelt ist. Der Ballen wird vorsichtig aus dem Topf gehoben, die oberste Erdschicht entfernt und die Wurzeln etwas gelockert. Dann kommt der Wurzelballen in einen Topf, der eine Nummer größer ist. Die Pflanze wird so tief gesetzt, wie sie vorher auch schon stand. Die Ränder werden mit Erde aufgefüllt, die Erde wird gut angedrückt und dann angegossen. Manchmal ist die Topfgröße schon ausgereizt und größere Töpfe würden einfach nicht mehr auf den Balkon passen. Bei mir bekommen die Johannisbeersträucher keinen größeren Topf mehr. Beim Umtopfen verkleinere ich vorsichtig ihren Wurzelballen um etwa ein Drittel. Dafür helfe ich mir mit einem scharfen Messer. Gleichzeitig kürze ich auch die Krone der Sträucher um etwa ein Drittel ein. So ist das Gleichgewicht zwischen Wurzel und Krone wiederhergestellt. Weniger Wurzeln könnten die große Krone nicht versorgen.

Recycelte Pflanzgefäße

Auch hier gilt: je größer, desto besser. In einem Wandorganizer aus festem Stoff wachsen Salate, Schnittlauch und Petersilie vertikal an einer Wand. In großen Gastronomie-Behältern (z.B. Konfitüreeimer und Konservendosen) oder Tetrapaks finden mediterrane Kräuter, Kopfsalat und Kohlrabi ausreichend Platz. Glätten Sie bei Konservendosen unbedingt den scharfen Rand! Sonst verletzen Sie sich leicht beim Eintopfen. Kunststoffbehälter sollten lebensmittelecht sein, damit keine gesundheitsgefährdenden Stoffe aus dem Kunststoff in die Erde diffundieren und von den Gemüse- oder Kräuterpflanzen aufgenommen werden. Geeignet sind Gefäße, in denen bereits Lebensmittel verpackt waren, z.B. aus Polyethylen (PE) oder Polypropylen (PP). Das sind unter anderem Bäckerkisten, Marmeladen- oder Senfeimer, Reissäcke, Tetrapaks und Getränkeflaschen.

Woran erkennt man gute Erde?

Erde ist die Grundlage für jeden Topfgärtner. Doch es ist nicht immer einfach, eine gute Blumenerde zu finden. Was macht eine gute Erde aus? Zum einen muss sie strukturstabil sein, das heißt, sie darf nicht schrumpfen oder zusammensacken. Die Feinwurzeln verschlämmen sonst und können nicht mehr atmen. Stabilität bringen Torf, Rindenhumus, Kokosfasern oder Perlite. Zum anderen sollte das Substrat möglichst gut Wasser speichern und es kontinuierlich an die Wurzeln abgeben, etwa durch Tonminerale. Die Erde darf schon etwas gedüngt sein. Welche Nährstoffe in welchem Verhältnis enthalten sind, steht auf der Rückseite des Erdsacks. Gute Erde erkennt man daran, dass sie krümelig ist, deutlich sichtbar grobe und feine Anteile hat und leicht nach Wald duftet. Sie darf auf keinen Fall so fein wie schwarzer Staub aussehen, modrig oder faulig riechen oder Tausende Trauermücken und Unkrautsamen beherbergen.

Schauen Sie sich die Inhaltsangaben auf der Rückseite von Erdsäcken an und achten Sie beim Einkauf auf die RAL-Gütesicherung.

Für einjährige Gemüse- und Kräuterkulturen reicht eine einfache Blumenerde ohne Extras aus. Spezialerden, z.B. Kübelpflanzenerde, halten sich mehrere Jahre, ohne dass sie schrumpfen. Solche Erde eignet sich gut für mehrjährige Kräuter und Obstgehölze. Spannend für Balkongärtner in hohen Stockwerken ist „leichte Erde". Sie hat genauso viel Volumen wie ein üblicher Erdsack, ist aber um etwa die Hälfte leichter.

Torffreie Erde

Es lohnt sich, auch bei Erde auf die Inhaltsstoffe zu schauen. In den meisten fertig gemischten Substraten ist zu 80 bis 100 Prozent Torf enthalten. Torf ist ein natürliches Produkt und eine wertvolle, immer seltener werdende Ressource. Gärtnereien können selten darauf verzichten. Doch Balkongärtner können einen Schritt in Richtung Nachhaltigkeit und Umweltschutz gehen und torffreie Substrate verwenden. So schützen sie Hochmoore und sparen Energie durch den Wegfall langer Transportwege, denn ein großer Teil des Torfs wird in baltischen und russischen Hochmooren abgebaut und nach Deutschland transportiert. Mittlerweile gibt es hochwertige torffreie Substrate auf der Basis von Komposterde und Rindenhumus, die sich in ihren Eigenschaften kaum von Torferden unterscheiden.

Was tun mit alter Erde?

Als Balkongärtnerin stehe ich jedes Jahr vor demselben Dilemma: Was mache ich nur mit der Erde vom letzten Jahr? Sie einfach wegzuwerfen, ist zu schade. Solange sie noch feinkrümelig ist, bessere ich sie mit Kompost oder Rindenhumus und etwas Urgesteinsmehl auf. Beide machen die Erde locker und geben ihr die Wasserspeicherkraft zurück. Mit ein wenig Hornmehl oder einem festem Naturdünger dünge ich sie noch auf. In diese aufgepeppte Erde setze ich anspruchslose Pflanzen: Schwachzehrer wie Salat, Kohlrabi und Radieschen oder eine Wildblumenmischung, um Nützlinge und Schmetterlinge anzulocken. Auch meine großen Kübel, in denen die Tomaten und die Gurken wachsen, enthalten etwa ¼ bis ⅓ der verbesserten Erde vom Vorjahr. So kann ich natürlich nicht die ganze Erde wiederverwenden, aber doch einen großen Teil. Den Rest gebe ich in die Biotonne. Auch die Pflanzflächen rund ums Haus freuen sich über etwas Substrat-Nachschub.

Die Erde vom vergangenen Jahr bessere ich mit selbstgemachtem Kompost und Urgesteinsmehl auf. So kann ich sie noch einmal verwenden.

BLUMENERDE SELBST GEMACHT

Es ist gar nicht so kompliziert, sich seine eigene Blumenerde zu mischen. Dazu braucht man:

* ★ 1 Teil Komposterde
* ★ ½ Teil Rindenhumus (oder Kokosfasern)
* ★ ½ Teil Blähton oder Bims
* ★ 1 Prise Urgesteinsmehl

Komposterde allein würde schnell zusammensacken. Damit viel Luft an die Pflanzenwurzeln kommt und Wasser gut gespeichert wird, werden noch Rindenhumus (kein Rindenmulch!) und Bimsstein untergemischt. Für mediterrane Kräuter kann noch etwas mehr Bimsstein hinzugefügt werden. Urgesteinsmehl enthält Tonminerale, die Wasser binden und den Boden auflockern

GUTTIPP

wasser ist lebenswichtig

Wenn ich morgens die Gießkanne schwinge, kann das schon mal eine halbe Stunde dauern. Denn alle Pflanzen bekommen ihre Dosis Wasser für den Tag und den Schluckspechten wie Zucchini fülle ich noch eine Bewässerungskugel mit Wasser auf. So kommen sie gut über die Runden. Morgens können Pflanzen das Wasser noch gut aufnehmen, bevor es gegen Mittag zu heiß wird. Wasser auf den Blättern verdunstet schnell. Abends gebe ich dort noch einmal Wasser, wo es dringend benötigt wird. Mit der Zeit kennt man seine Pflanzen und kann die Wasserschlucker gezielt nachgießen. Dabei versuche ich möglichst wenige Wasserpfützen auf den Blättern zu hinterlassen. In dem feuchten Milieu können die Sporen verschiedener Pilzkrankheiten gut keimen und sich ausbreiten. An sonnigen, trockenen Sommertagen, wenn das Thermometer auf über 28°C klettert, wird es kritisch. Eine Schattierung hilft, dass niemand unter der Hitze leidet, wenn die Sonne voll auf meinen Südbalkon knallt.

Mittags sollte möglichst nicht gegossen werden, denn bei praller Sonne und Hitze können die Pflanzen das Wasser gar nicht so schnell aufnehmen, wie es verdunstet. Doch manchmal kommt man nicht umhin, besonders wenn einen Basilikum und Salat welk anschauen. Ich stelle die halb Verdursteten dann erst einmal in den Schatten, setze sie in einen großen Untersetzer und gieße sie, bis der Untersetzer vollgelaufen ist. So lasse ich sie stehen, bis sich die Erde mit dem Wasser vollgesogen hat.

Bevor ich die Gießkanne ansetze, kommt die Fingerprobe. Ist die Erde feucht, brauche ich noch nicht gießen. Ist sie dagegen trocken, bekommt die Pflanze eine große Ration Wasser. Größeren Kräutertöpfen wie meinen Salbei oder den Duftgeranien gebe ich dann schon mal zwei Liter. Man kann auch einfach den Gewichtstest machen: Man hebt die Töpfe an. Sind sie Fliegengewichte, wird gegossen. Sind sie dagegen noch schwer, kann man sie getrost beim Gießen übergehen.

Hilfe beim Gießen

Wasserspender, Bewässerungskugeln und **Zimmer-Blumat** sind schnelle Helfer, wenn Pflanzen an heißen Tagen oder übers Wochenende mit Wasser versorgt werden sollen. Alle drei Helfer haben einen Tonkegel, der in die feuchte Erde gesteckt wird. Das Wasserreservoir fasst bis zu 600 ml. Erst wenn die Erde trocken ist, gibt der Tonkegel durch die Saugkraft Wasser an die umgebene Erde ab.

Wasserspeichermatten saugen überschüssiges Wasser auf und geben es langsam wieder an die Erde ab. Sie bestehen aus Vlies oder Steinwolle und können zurechtgeschnitten werden. Einige Modelle sind auch schon komfortabel mit Langzeitdünger versetzt. Die Matten werden auf den Topfboden gelegt. Sie verrotten nur langsam und sind öfter einsetzbar. Ähnlich funktionieren Vlieskissen mit Blähton.

Wasserspeicherkästen bestehen aus einem inneren Kasten, in dem die Pflanzen sind, und einem äußeren Kasten, in dem sich das Wasserdepot befindet. Ein Vliesstreifen verbindet Wasserdepot und Blumenerde und versorgt die Pflanzen über mehrere Tage. Praktisch ist ein Wasserüberlauf, der überschüssiges Wasser abfließen lässt.

Halb- oder vollautomatische Bewässerungssysteme machen das Gießen um ein Vielfaches einfacher. Über dünne Schläuche wird Wasser an die Pflanzen geleitet. Die Durchflussgeschwindigkeit des Wassers wird entweder über Tonkegel, eine Bewässerungsuhr oder einen Computer gesteuert. Der Vorteil: Die Pflanzen werden optimal mit Wasser versorgt. Um die Bewässerung komplett aus der Hand zu geben, braucht man Platz für ein genügend großes Wasserreservoir.

NOTFALLPLAN FÜR ÜBERGOSSENE PFLANZEN

Lassen die Pflanzen ihre Blätter hängen, vermutet man gleich, dass sie zu trocken sind, und gibt ihnen einen gehörigen Schwung Wasser. Aber Vorsicht, die Blätter hängen auch schlaff herunter, wenn die Pflanzen zu nass stehen. Steht der Wurzelballen unter Wasser, arbeiten die Wurzeln nicht mehr richtig. Dann wird der Ballen zügig aus dem Topf geholt und vorsichtig ausgewrungen. Oder man saugt mit Küchenkrepp oder Zeitungspapier das überschüssige Wasser auf. Im Zweifelsfall die nasse Erde abstreifen und den Ballen in frische Erde setzen.

Pflanzenfutter

Mit einem festen und einem flüssigen Vollnährstoffdünger kommt man auf Balkonien gut über die Runden. Feste, pulverförmige Dünger sind meist Langzeitdünger. Da sie erst von Mikroorganismen abgebaut werden, wirken sie über einen längeren Zeitraum. Langzeitdünger gebe ich im Frühjahr allen Pflanzen als Depot, die ich neu ein- oder umtopfe. Mehrjährige Kräuter und Obstgehölze bekommen ihre Ration unter die oberste Erdschicht gemischt.

Flüssigdünger wirken schnell, da die Nährstoffe schon in pflanzenverfügbarer Form vorliegen. Obst- und Gemüsepflanzen dünge ich wöchentlich oder 14tägig mit flüssigem Dünger. Meine Fruchtgemüse, also Tomaten, Chilis und Gurken, bekommen einen speziellen Tomatendünger. Der enthält viel Kalium, einen Nährstoff, der gut fürs Fruchtwachstum ist. Wer mehrere Beerensträucher hat, sollte sich auch einen Beerenobst-Dünger zulegen, der ein auf deren Bedarf abgestimmtes Nährstoffverhältnis hat. Kräuter sind genügsam, sie bekommen nur im Frühjahr eine Startdüngung und dann im Juli noch einmal Kompost oder Flüssigdünger.

Brennnesseljauche ist ein stickstoffreicher Flüssigdünger: 100 g frische oder 10 g getrocknete Brennnesseln mit 1 Liter kaltem Wasser ansetzen und etwa 2 Wochen stehenlassen. Täglich umrühren. Gesteinsmehl bindet üble Gerüche. 1:10 verdünnen.

Organisch oder mineralisch

Organische Dünger sind zum Beispiel Kompost, Hornspäne (vermahlen als Hornmehl) oder Tiermiste (u.a. Pferdemist-Pellets). Diese Dünger sind eher stickstoffbetont. Mineralische Dünger werden entweder abgebaut (z.B. Thomaskali) oder künstlich hergestellt. Letztere enthalten ein auf die Pflanzen abgestimmtes Nährstoffgemisch oder sind Einzelnährstoffdünger. Bio-Dünger sind sowohl organischen als auch mineralischen Ursprungs. Sie dürfen nur Bestandteile natürlichen Ursprungs und keine chemischen Zusätze enthalten. Gemacht sind sie aus tierischen oder pflanzlichen Ausgangsstoffen, teils mit Zusätzen von Gesteinsmehlen. Sie enthalten unter anderem Hornmehl, Federn, Guano (ein phosphatreiches Produkt aus Seevogelkot), Mykorrhiza-Pilze und andere Mikroorganismen, Melasse als Kaliumlieferant, fermentierten Traubentrester und mineralische Gesteinskomponenten, zum Beispiel Kieserit oder Urgesteinsmehl. Wie die künstlichen Dünger gibt es sie als Einzel- und Volldünger und als Spezialdünger für bestimmte Kulturen (z.B. Tomaten, Beeren). Algendünger wird aus Braunalgen hergestellt und ist kaliumbetonter Volldünger.

Gemüse und Kräuter unterteilt man nach ihrem Nährstoffbedarf:

★ Starkzehrer wie Gurke, Zucchini, Kopf-kohl, Tomaten und Paprika bekommen wöchentlich Flüssigdüngernachschub oder Düngestäbchen nach Packungsanweisung.

★ Mittelstarkzehrer sind alle Wurzelgemü-se, Stangenbohnen, Minze, Basilikum und Schnittlauch. Sie bekommen etwa alle drei Wochen Flüssigdünger.

★ Schwachzehrer wie Salat, Radieschen, Erbsen und die meisten Kräuter brauchen nur wenig Dünger.

WENN DÜNGER FEHLT

Wird zu wenig oder gar nicht gedüngt, zeigen Pflanzen Mangel-erscheinungen. Bei Stickstoffmangel wachsen sie kümmerlich und haben gelbe Blätter. Bei Kaliummangel werden die Blattränder braun und trocken. Akute Mangelsymptome können mit schnellwirkendem Flüssigdünger behoben werden. Viel Dünger bekommen zum Beispiel alle Fruchtgemüse, Kohl und Obststräucher. Mit wenig kommen die meisten Kräuter, Salate und Radieschen aus. Wie viel Dünger jeder braucht, steht bei den einzelnen Pflanzenporträts.

Die Kompostbehälter werden an einer halb-schattigen bis schattigen Stelle aufgestellt.

Kompost auf Balkonien

Seit letztem Jahr stelle ich selbst Kompost her, in zwei 10-Liter-Eimern auf dem Balkon. Die Mengen reichen zwar nicht an Gartenkompost heran, aber ich kann alles, was auf dem Balkon an Pflanzen-material anfällt, gut wiederverwerten! Den wert-vollen Dünger gebe ich im Sommer als Mulch auf die Topferde oder mische ihn beim Umtopfen unter die Blumenerde.

Als Basis nehme ich etwas Blumenerde und eine Schaufel voll Gartenerde. Hinzu kommen gut zerkleinerte pflanzliche Küchenabfälle, z.B. Kartoffelschalen, Apfelgriebsche, welke, aber gesunde Pflanzenteile und Kaffeesatz. Das ver-mische ich alles gut und decke den Eimer lose ab. Der Sauerstoff ist wichtig für den Abbau der organischen Substanz. Alle 3 bis 4 Tage füge ich die nächste Ration Frischgut hinzu. Ist der Eimer voll, lasse ich ihn 5 bis 6 Wochen stehen. Ab und an rühre ich um. In der Zwischenzeit mache ich mit dem zweiten Eimer weiter. Ist der Kompost fertig, sieht er aus wie feinkrümelige Erde.

Wer etwas mehr Platz hat, zum Beispiel auf einer Dachterrasse, kann sich auch einen Schnell- oder Thermokomposter zulegen. Das Kunststoffmate-rial heizt dem Kompost tüchtig ein, sodass schon nach wenigen Monaten Dünger zur Verfügung steht. Unter den Schnellkomposter wird eine Plastikwanne gestellt, die die Flüssigkeit auffängt, die beim Verrotten entsteht. Übrigens ein wert-voller Flüssigdünger! So ein Kompostbehälter arbeitet am besten, wenn man immer mal wieder größere Mengen organischen Materials hinzufügt. Sammeln Sie darum erst einmal die Balkonabfälle. Ein Kompoststarter mit Mikroorganismen bringt den Rotteprozess in Gang.

Für einen guten Kompost werden trockene und feuchte Bestandteile (z.B. Küchenabfällen) zu gleichen Teilen gemischt. Je kleiner die Materialien geschnitten werden, desto schneller werden sie abgebaut. Mischen Sie auch ab und an kleingeschnittenen Strauchschnitt unter, so kann die Luft gut zirkulieren und der Rotteprozess läuft harmonisch. Das erkennt man daran, dass der Kompost warm und feucht wie ein ausgedrückter Schwamm ist. Fängt der Kompost an zu riechen, ist er meist zu feucht. Zerrissenes Zeitungspapier, Pappe oder Eierkarton saugen die überschüssige Feuchtigkeit auf. Sie werden mitabgebaut. Eine Handvoll Gesteinsmehl bindet ebenfalls üble Gerüche. Auch wenn der Kompost zu trocken ist, kommt die Rotte ins Stocken. Dann wird vorsichtig Wasser untergehoben, bis er die optimale Feuchtigkeit hat.

Wurmkompost

Kompostwürmer (*Eisenia foetida*) verarbeiten pflanzliche, rohe Küchen- und Balkonabfälle in Windeseile zu fruchtbarem Wurmhumus. Sie leben in einer Wurmfarm, die aus mehreren Etagen besteht. Sie kann auf dem Balkon, in der Küche, in Keller oder Garage aufgebaut werden. Ein bis zwei Handvoll Wurmkompost werden beim Einpflanzen zum Topfsubstrat gegeben.

Auch verbrauchtes Substrat kann damit aufgefrischt werden. Die Würmer brauchen jedoch eine intensive Pflege: Fast täglich werden sie „gefüttert". Im Winter bekommen sie einen Platz in der Wohnung, im Keller oder müssen warm eingepackt werden, denn die Wurmfarmen sind nicht frostsicher und die Würmer würden bei Minusgraden eingehen.

Bokashi

Bokashi ist fermentierter Kompost. In einem sogenannten Bokashi-Eimer mit luftdicht schließendem Deckel und Zapfhahn werden rohe und gegarte, gut zerkleinerte Küchenabfälle mit Bokashi-Kleie vermischt. Bokashi-Kleie besteht aus Kleie, Melasse und Effektiven Mikroorganismen. (EM) Unter Sauerstoffausschluss kommt es zur Gärung und die Mikroorganismen bauen die Abfälle innerhalb von 3 Wochen ab. Danach wird der fermentierte Kompost noch für 1 bis 2 Monate mit Erde vermischt gelagert. Erst dann ist er fertig, um unter die Blumenerde gemischt werden zu können.

Eine Handvoll der rötlichen Kompostwürmer reicht aus, um eine Wurmfarm zu starten.

NÜTZLINGE BESTELLEN

Bei Läuse-Alarm kann man sich die Nützlinge
frei Haus liefern lassen, z.B. Florfliegen und
Marienkäfer oder die Encarsia-Schlupfwespen
gegen die Weiße Fliege, eine Mottenschild-
laus. Diese Nützlinge kommen auch mit den
wechselnden Witterungsbedingungen auf dem
Balkon gut klar. Sie werden am besten schon
bei den ersten Anzeichen einer Schädlings-
invasion beim Spezialversender oder im
Gartencenter bestellt. Nützliche Nematoden
gibt es gegen die Larven von lästigen Trauermücken oder Dickmaulrüsslern, die an den
Wurzeln nagen.

So bleiben die Pflanzen gesund

Ein Läuschen hier und ein mit Mehltau bepudertes Blatt da, das ist kein Grund, in Panik auszubrechen. Trotzdem sind es Warnsignale, die uns die Pflanzen senden. Der richtige Standort und gute Pflege sind die Voraussetzungen für gesunde und widerstandsfähige Pflanzen.

Vorbeugen

Während auf der schattigen Nordseite nur wenig Sonne ankommt und es im Sommer angenehm kühl ist, gibt es auf der Südseite das genau entgegengesetzte Extrem: Hitze und Sonne. Nicht alle Pflanzen kommen damit gut zurecht, denn mittags können es ohne Schattierung schon mal über 40 °C werden und die Erde trocknet sehr schnell aus. Auf meinem Südbalkon habe ich darum vor allem an trockene und heiße Bedingungen angepasste Pflanzen wie Thymian, Salbei, Chili und Wein.

Unabhängig vom Standort, an dem wir nicht viel ändern können, brauchen Kübelpflanzen eine auf ihren Bedarf abgestimmte Düngung und genügend Wasser. Pflanzenstärkungsmittel, wie Acker-Schachtelhalm-Brühe, und homöopathische Produkte stärken die Widerstandskräfte der Pflanzen und halten sie gesund. Mit toleranten und resistenten Sorten von Obst und Gemüse kann man schon einigen Krankheiten vorbeugen. So sind die meisten für den Hobbybereich erhältlichen Weinreben mehltauresistent. Achten Sie auch auf mehltauresistente Gurken-, Zucchini- und Erbsensorten und braunfäuletolerante Tomatensorten.

Töpfe kann man öfter umstellen und so immer neue Gruppen bilden. Tomaten können neben Basilikum oder Oregano stehen. Die Ringelblumen gehen eine Liaison mit Lavendel ein, die Erdbeeren wachsen einträchtig neben Rucola und so weiter. Diese Mischkultur à la Balkonien hält Schädlinge und Krankheiten fern und lockt dank blühender Kräuter und Blumen die Nützlinge zu den Gemüsekulturen. Die Töpfe sollten jedoch nicht zu dicht beisammen stehen, sonst kehrt sich der gute Effekt um. Wenn die Luft nicht zirkulieren kann, trocknen die Blätter schlecht ab und Pilzkrankheiten breiten sich aus.

Balkonrundgang fest einplanen

Wenigstens alle drei Tage versuche ich, allen Balkonpflanzen meine volle Aufmerksamkeit zu schenken. Dann schaue ich sie mir ganz genau an: Ist das Substrat feucht genug, sitzen Blattläuse und andere Schädlinge auf und unter den Blättern, gibt es die ersten verräterischen weißen Punkte, die auf den Echten Mehltau hindeuten? So ertappe ich Schädlinge auf frischer Tat und kann schon eingreifen, bevor sie großen Schaden anrichten. Solch ein Rundgang macht mir sehr viel Spaß, denn ich entdecke nebenbei auch Blütenknospen, kleine Fruchtansätze an Chilis und Auberginen, reife Erdbeeren und ab und an beobachte ich auch eine agile Florfliegenlarve bei ihrem Gang über die Blätter, immer auf der Suche nach Blattlaus-Beute.

Wer macht da unseren Pflanzen zu schaffen?

Blattlaus und Co. lieben das geschützte Klima auf dem Balkon. Hier können sie sich prächtig austoben und werden weitgehend von Räubern in Ruhe gelassen. So sehr es mich auch ärgert, dass sich schon im Frühjahr die ersten Blattläuse auf den jungen Trieben ausbreiten. Ich lasse sie in Ruhe. Denn ohne diese fette Beute würden Marienkäfer und andere nützliche Insekten meinen Balkon gar nicht erst als Domizil in Erwägung ziehen.

Blattläuse

Läuse saugen an Blättern und Trieben. Wenige Läuse klopfe ich ab. Sind sie dagegen in der Überzahl, schneide ich die Läusekolonien samt Trieb einfach heraus. Man kann auch eine Schmierseifen-Lösung sprühen, die Insekten abtötet. Für eine 2%ige Lösung etwa 20 g bzw. 20 ml parfümfreie Schmierseife in 1 l heißem Wasser auflösen, abkühlen lassen und im Abstand von 2 bis 3 Tagen anwenden. Achtung: Haben sich bereits nützliche Insekten angesiedelt, sollte auf die Schmierseifenlösung verzichtet werden!

Spinnmilben

Gelbliche Blätter und feine Gespinste sind ein Zeichen dafür, dass sich Spinnmilben breit machen. Ich vernebele ab dem Frühsommer Wasser. So erhöhe ich die Luftfeuchtigkeit und die Milben können sich nicht so schnell vermehren. Stark befallene Blätter und Triebe schneide ich weg. In den letzten Jahren habe ich beobachtet, wie sich winzige Blumenwanzen über die Spinnmilben hermachen. Mittlerweile hat sich eine eigene kleine Population bei mir eingerichtet!

Raupen

Meist ist es der Nachwuchs von Eulenfaltern, der verborgen in der Dämmerung an den Blättern frisst. Morgens sieht man dann die angefressenen Pflanzen, aber keine Spur mehr von den Verursachern. Die verstecken sich vollgefressen unter den Blättern oder graben sich in die Erde ein. Da hilft es nur, in der Dämmerung auf die Jagd zu gehen und die Raupen abzusammeln.

Echter Mehltau

Das ist ein echter Schönwetter-Pilz, der Sonne und Wärme mag. Auf den Blättern von Gurken, Zucchini, Kürbissen, Erbsen und Erdbeeren zeigen sich mehlig-weiße Flecken. Damit es nicht soweit kommt, sprühe ich jeden zweiten Tag abgekühlten Knoblauch-Tee aus 1 TL gehacktem Knoblauch und ½ l kochendem Wasser. 10 Minuten abgedeckt ziehen lassen und abseihen. Bereits befallene Blätter entfernen.

PFLANZENSCHUTZMITTEL NUR IM ERNSTFALL

Bio-Insektizide auf Rapsöl-, Kaliseife- und pflanzlicher Basis wirken nicht selektiv, sondern töten auch nützliche Insekten. Schwefel und Kupfer werden auch im ökologischen Landbau angewendet. Lassen Sie sich im Gartenfachhandel beraten. Dort weiß man, welche Mittel für Gemüse, Obst und Kräuter zugelassen sind. Folgen Sie der Gebrauchsanleitung und halten Sie sich an die empfohlene Wartezeit. Das ist die Dauer, in der das Pflanzenschutzmittel abgebaut wird. Erst danach kann man die Lebensmittel unbedenklich ernten. Halten Sie die Pflanzenschutzmittel außerhalb der Reichweite von Haustieren und Kindern.

Gute Freunde

Wenn nicht sogar die besten, denn Marienkäfer und Co. machen Jagd auf Blattläuse und andere Schädlinge. Nektar- und pollenreiche Wildblumen und Kräuterblüten locken sie auf den Balkon. Dill darf in einem Wildblumen-kasten nicht fehlen, denn er ist der absolute Favorit bei den Blattlausjägern.

Marienkäfer

Fast jeder hat den Siebenpunkt-Marienkäfer schon einmal gesehen. Auf seinen roten Flügeldecken trägt er sechs schwarze Punkte. Andere Arten wanden sich gelb oder auch schwarz. Der Asiatische Marien-käfer treibt es bunt und hat ganz unterschiedliche Gewänder und Punktmengen auf dem Rücken. Die blauschwarzen Marienkäferlarven vertilgen etwa 400 Blattläuse, bis sie sich verpuppen. 40 bis 60 Blattläuse pro Tag schaffen die erwachsenen Käfer!

Schwebfliegen-Larven

Sie sind grün, braun oder grau und am Kopf zuge-spitzt. Sie heben ihre Beute mit ihren Mundwerk-zeugen an und saugen sie restlos aus. Bis zu ihrer Verpuppung verzehren sie bis zu 400 Blattläuse. Zu den bevorzugten Beutetieren gehören auch Spinn-milben. Die erwachsenen Schwebfliegen sehen Wespen zum Verwechseln ähnlich, sind aber über-haupt nicht gefährlich. Man kann sie leicht unter-scheiden: Schwebfliegen vollführen elegante Zickzack-Flüge und stehen manchmal schwebend in der Luft.

Florfliegen-Larven

Die agilen Florfliegen-Larven leben räuberisch von anderen Insekten, darunter auch von Blattläusen. Eine Larve kann bis zu 500 Blattläuse vertilgen. Die Beute wird mit den zangenartigen Mundwerkzeugen festgehalten und ausgesaugt. Die zarten erwachsenen Fliegen sind grün oder bräunlich mit feinen, durchsichtigen Flügeln. Sie ernähren sich von Pollen und Nektar, manchmal naschen sie auch eine Blattlaus. Ihre weißen Eier legen sie auf Stielchen ab.

KreuzSpinne

In geschützten Ecken spannen die Spinnen mit dem auffälligen Kreuz auf dem Rücken ihre Netze auf. Und warten darin auf Beute. Neben Fliegen und Wespen verfangen sich auch geflügelte Blattläuse und Schmetterlinge darin. Die Insekten werden mit Spinnfäden umwickelt und bald darauf ausgesaugt. Auch viele andere Spinnenarten finden ihren Rückzugsort auf dem Balkon. Jagdspinnen etwa spannen keine Netze, sondern gehen in der Dämmerung auf die Jagd nach Insekten und anderem kleinen Getier.

Blumenwanzen

Die zarten, nur 5 mm großen Raubwanzen sitzen am liebsten auf der schattigen Blattunterseite. Nicht von ungefähr, denn hier ist auch ihre Beute unterwegs: Spinnmilben, Thripse und Blattläuse. Die werden mit dem Saugrüssel angestochen und ausgesaugt. Auch die orangefarbenen Wanzenlarven machen bei der Jagd auf die Kleininsekten schon mit. Und wenn die mal nicht ausreichen sollten, stillen die nützlichen Tierchen ihren Hunger mit Blütenpollen.

Gut verpackt in den Winter

Die meisten Kräuter und Obstgehölze sind sicher frostfest. Die größte Erfrierungsgefahr droht den Wurzeln. Denn je kleiner der Topf ist, desto eher friert der Wurzelballen durch. Kleinere Kräutertöpfe stelle ich in leergeräumte Balkonkästen. Die Kästen umhülle ich mit Luftpolsterfolie und rücke sie an die Hauswand. Hier sind sie besser geschützt als direkt auf der Balkonbrüstung. Meinen großen Salbei setze ich in einen größeren Topf (in dem Tomaten oder Dahlien standen) und fülle den Zwischenraum mit Erde oder trockenem Laub auf. Johannisbeere und Wein bekommen einen Mantel aus dicker Kokosfasermatte um den Topf gebunden. Die Veredlungsstelle, dort, wo das Edelreis auf die Unterlage gepfropft wurde, ist sehr empfindlich. Darum hülle ich Stamm, Krone und Veredlungsstelle in Jutegewebe. Ebenfalls gut geeignet zum Winterschutz sind Vlies, Schilf- und Strohmatten, die Luft und Wärme gut durchlassen.

Sonnenschutz für Immergrüne

Nicht nur die beißende Winterkälte setzt Balkonpflanzen zu. An sonnigen und windigen Tagen trocknen vor allem immergrüne Kräuter wie Salbei, Lavendel, Thymian und Ysop schnell aus. Die Immergrünen behalten auch im Winter ihre Blätter. Darin arbeiten die kleinen Kraftwerke, die Chloroplasten, auch bei niedrigen Temperaturen weiter. Dabei verbrauchen sie Wasser, das die Wurzeln aus dem gefrorenen Boden nicht nachliefern können. Die Folge: Zunächst vertrocknen einzelne Blätter, später die ganze Pflanze. Ich decke meine immergrünen Kräuter mit Reisig und Jutegewebe ab. Das lässt genügend Licht durch, schirmt jedoch die tiefstehende Wintersonne ab. An frostfreien Tagen gieße ich vorsichtig. Die Erde darf aber nicht nass sein!

Besser in der Wohnung überwintern

Mediterrane Kräuter sind robuster als man denkt: Salbei, Thymian und Lavendel überstehen auch bei uns den frostigen Winter, wenn sie gut eingepackt sind. In raueren Lagen sollten sie zur Sicherheit in ein frostfreies, helles Winterquartier gestellt werden. Auch der Rosmarin liebt den Winter nur im milden Weinbauklima im Freien. Woanders wird er besser hell und kühl zwischenquartiert. Frucht-Salbei und Duft-Pelargonien stehen an einem hellen Fenster. Zitruspflanzen, Maracuja und Feige verbringen die kalte Jahreszeit ebenfalls im Winterquartier. Wie genau das beschaffen sein sollte, ist für jede Kultur anders. Die genauen Angaben stehen jeweils bei den Pflanzenporträts.

Bevor die Wintergäste in die Wohnung einziehen, kontrolliere ich sie noch auf Schädlinge. Im Winterquartier könnten sich Blattlaus und Co. sonst ungehindert vermehren und den Pflanzen schaden. Welke und kranke Blätter oder Triebe entferne ich auch gleich. Ausladende Pflanzen schneide ich noch etwas zurück, damit sie gut ins Winterquartier passen.

Balkonfreude[n]

Sie wollen das Buch noch nicht beiseitelegen? Müssen Sie auch nicht, denn auf den folgenden Seiten finden Sie viele nützliche Informationen über balkontaugliche Obstsorten, Bücher zum Vertiefen und Einkaufsadressen, falls Sie Ihre Lieblingssorte gleich bestellen möchten.

Obstsorten für Balkonien

Obstart	Sorte	Eigenschaften
Apfel	'Cactus'	säulenförmig, nicht selbstfruchtbar
	'Maloni Lilly /Sally'	rosa bzw. rote Frucht, nicht selbstfruchtbar
	'MiniCox'	Geschmack wie Sorte 'Cox Orange', rot, nicht selbstfruchtbar
	'Starking'	rote Frucht, nicht selbstfruchtbar
Birne	'Fruttoni Mibi'	grüne Frucht, selbstfruchtbar
	'Garden Pearl'	grüne Frucht, leicht rundlich, selbstfruchtbar
	'Little Queen'	gelbe Frucht, nicht selbstfruchtbar
Pflaume	'Fruttoni Golddust'	gelbe Frucht, selbstfruchtbar
	'Jojo'	blaue Frucht, selbstfruchtbar, reift ab August
Kirsche	'Garden Bing'	säulenförmig, Süßkirsche, selbstfruchtbar
	'Little Mailot'	Sauerkirsche, selbstfruchtbar
Pfirsich	'Fruttoni Amber'	selbstfruchtbar, gelbfleischig
	'Roter Zwerg'	rotlaubig, selbstfruchtbar, gelbfleischig
Nektarine	'Fruttoni Rubis'	selbstfruchtbar, gelbfleischig
	'Small Sunning'	selbstfruchtbar, gelbfleischig
Aprikose	'Aprigold'	selbstfruchtbar, mittelgroße Frucht
	'Kaluna'	selbstfruchtbar, goldgelbe, relativ große Frucht

SÄULENOBST: EMPFEHLENSWERTE SORTEN

Obstart	Sorte	Eigenschaften
Apfel	'Coxcolumnar'	rote Frucht, Geschmack ähnlich wie 'Cox', nicht selbstfruchtbar
	'Goldcats'	grüngelbe Frucht, widerstandsfähig ggü. Schorf und Mehltau, nicht selbstfruchtbar
	'Greencats'	grüne Frucht, widerstandsfähig ggü. Schorf und Mehltau, nicht selbstfruchtbar
	'Starcats'	rote Frucht, widerstandsfähig ggü. Schorf und Mehltau, nicht selbstfruchtbar
	'Suncats'	rote Frucht, widerstandsfähig ggü. Schorf und Mehltau, nicht selbstfruchtbar
	'Pomredrobust'	Befruchter sind andere 'Pom'-Sorten wie 'Pompink'
Birne	'Decora'	grüne Frucht, lagerfähig, nicht selbstfruchtbar
	'Obelisk'	gelbe Frucht, lagerfähig, schlank wachsend, nicht selbstfruchtbar
Pflaume	'Fruttini Skyscraper'	blaue Frucht, schlanker Wuchs, selbstfruchtbar
	'Imperial'	schlanker Wuchs, selbstfruchtbar
Kirsche	'Sylvia'	Süßkirsche, schlanker Wuchs, selbstfruchtend
Nektarine	'Fruttini Alicecol'	gelbfleischig, schmaler Wuchs, selbstfruchtbar

'Suncats' ist ein moderner Säulenapfel, der im August viele Früchte trägt.

Mein Naschbalkon rund ums Jahr

Januar

Auch wenn es draußen ungemütlich kalt ist, einmal in der Woche schaue ich auf dem Balkon nach dem Rechten: Sind alle Töpfe noch gut verpackt? Ist die Erde durch Schnee nicht zu feucht geworden? An frostfreien Tagen gieße ich meine immergrünen Kräuter wie Thymian und Salbei vorsichtig. Wenn Frost angekündigt ist, warte ich damit lieber.

Februar

An kalten Wintertagen macht es Spaß, bei einer Tasse Tee in den neuen Saatgutkatalogen zu schmökern und meine Wunschliste zu schreiben. Ab Mitte des Monats können schon Chili, Paprika, Auberginen und Andenbeeren auf der Fensterbank ausgesät werden. Aussaaterde und Anzuchttöpfchen liegen schon bereit.

März

Fast Frühling: An frostfreien Tagen nehme ich den Winterschutz stundenweise von den Pflanzen. So können sie Sonne tanken! Unter den Decken kommt das grüne Laub der Etagenzwiebel und junge Mangoldblättchen zum Vorschein. Und ich habe erste Schätze im Gartencenter erstanden: Salatsetzlinge und ein paar wilde Tomatensamen.

April

Der Balkon ist geputzt und aufgeräumt. Und endlich kann's so richtig losgehen: In Kästen und Töpfe säe ich Pflücksalat, Kohlrabi und Radieschen, Borretsch und Dill. Meine mehrjährigen Kräuter bekommen eine Startdüngung zur Stärkung, das eine oder andere auch frische Erde. Augen auf: Die ersten Blattläuse sind schon unterwegs!

Mai

Nur nicht verführen lassen von der warmen Frühlingssonne! Die empfindlichen Tomaten- und Chili-Jungpflanzen hole ich über Nacht besser wieder ins Wohnzimmer. Ab Mitte des Monats, wenn nach den Eisheiligen auch die Spätfröste ausgestanden sind, dürfen sie für immer rausziehen. Kartoffeln legen nicht vergessen!

Juni

Es ist warm genug, um Basilikum auszusäen. Die Geduld lohnt sich! Ab jetzt bekommen Tomaten, Gurken und andere starkzehrende Gemüse wöchentlich ihre Düngernahrung. Stecklinge von mehrjährigen Kräutern wie Ysop und Salbei bewurzeln in diesem Monat gut. Die reichlichen Erdbeerausläufer leite ich in kleine Töpfe.

Juli

Wie das duftet! Von Thymian, Zitronenmelisse und Minze lege ich schon die ersten Wintervorräte an. Vor der Blüte haben sie den höchsten Gehalt an ätherischen Ölen. Eine fast tägliche Aufgabe ist es nun, die Stabtomaten aufzubinden und auszugeizen. Gurken, Zucchini und Erbsen behandle ich mit Knoblauchtee vorbeugend gegen Echten Mehltau.

August

An heißen Tagen gieße ich jetzt zweimal. Johannis- und Stachelbeeren werden gleich nach der Ernte zurückgeschnitten. Mehrjährige Kräuter, Beerensträucher und Obstbäume bekommen Ende des Monats noch einmal Dünger. Was noch bis Mitte des Monats gesät werden kann: Pflücksalat, Asiasalat und Radieschen.

September

Auch wenn es draußen noch warm ist, denke ich schon an die Ernte im Herbst und Winter. Darum säe ich Spinat, Feldsalat und Winterportulak in Kästen und Schalen. Jetzt ist Pflanzzeit: In der Gärtnerei stöbere ich nach Kräutern, die noch in meiner Sammlung fehlen. Wie wäre es mit Orangen-Thymian, Günsel und Tripmadam?

Oktober

Die roten Chilis und das herbstliche Weinlaub bringen endgültig herbstliche Stimmung auf den Balkon. Ich habe das Vlies schon aus dem Keller geholt, denn jetzt kann es die ersten kalten Nächte geben. Das Vlies lege ich schützend über Chili, Tomaten und Gurken, damit die letzten Früchte in Ruhe ausreifen können.

November

Ich verfolge aufmerksam im Wetterbericht, wann Frost angekündigt wird. Das ist das Signal für mich, Duftgeranie, Rosmarin und Zitrusbäumchen reinzuräumen und die letzten Tomaten und Chilis zu ernten. Töpfe und Kästen mache ich schon winterfit und rücke sie an die Wand. Die Samenstände der Agastachen lasse ich für die Vögel stehen.

Dezember

Die großen Töpfe werden in Kokosmatten gewickelt, die anderen bei Minusgraden abgedeckt. Solange die Temperaturen noch über –5 °C liegen, können Obstbäumchen geschnitten werden. Drinnen kümmere ich mich um meine Überwinterungsgäste: Ist der Topfballen feucht genug? Haben sich Blattläuse oder Spinnmilben eingeschlichen?

Lieblingsbücher

Beccaletto, Jacques und Retournard, Denis:
Obstgehölze erziehen und formen
Verlag Eugen Ulmer, Stuttgart 2007

Beltz, Heinrich:
Spalierobst im Garten Sorten, Pflege, Schnitt
BLV-Buchverlag, München 2012

Faßmann, Natalie:
Beinwelljauche, Knoblauchtee & Co.
Pflanzenauszüge zum Düngen und Stärken
pala-Verlag, Darmstadt 2012

Faßmann, Natalie:
In die Falle gegangen
Pflanzenschutz mit Gelbtafel, Leimgürtel, Schutznetz & Co.
pala-Verlag, Darmstadt 2011

Grabner, Melanie und Weidenweber, Christine:
Tomatenliebe - Wie Amore und die Olympische Flamme den
Weg in meinen Garten fanden
Verlag Eugen Ulmer, Stuttgart 2014

Heistinger, Andrea:
Handbuch Bio-Gemüse
Sortenvielfalt für den eigenen Garten
Verlag Eugen Ulmer, Stuttgart 2010

Klock, Peter:
Das große Ulmer-Buch der Zitruspflanzen
Verlag Eugen Ulmer, Stuttgart 2007

Rimpau, Jasper und Brucksch, Lydia:
Kompost aus der Kiste
Verlag Eugen Ulmer, Stuttgart 2013

Lohrer, Thomas:
Aus die Laus – 160 Krankheiten und Schädlinge im
Nutzgarten erkennen und bekämpfen
Verlag Eugen Ulmer, Stuttgart 2012

Ulrich, Gerd:
Tafeltrauben für den Hausgarten
Verlag Eugen Ulmer, Stuttgart 2009

Bezugsquellen

Kompost auf Balkonien

Schnellkomposter
W. Neudorff GmbH KG
An der Mühle 3
31860 Emmerthal
www.neudorff.de

Bokashi-Eimer & Zubehör
EMIKO Handelsgesellschaft mbH
Mühlgrabenstraße 13
53340 Meckenheim
www.emiko.de

Wurmfarm & Zubehör
Wurmwelten.de
Inhaber: Jasper Rimpau
Sinramstr. 8
37586 Dassel
www.wurmwelten.de

Mykorrhiza-Pilze
BioMyc™ Environment GmbH
Bauhofstraße 6
14776 Brandenburg
www.biomyc.de

Onlinevertrieb innovativer Produkte
Inhaber: Karin Wenger
Wildfuhre 13
06847 Dessau-Roßlau
www.mykorrhiza-shop.de

Geohumus
Geohumus GmbH
Industriepark Allessa, Geb. G32
Alt Fechenheim 34
60386 Frankfurt
www.geohumus.com

Nützliches und Schönes für den Balkon

Keimzeit Saatgut-Fachversand
Inhaber: Tanja Beddies
Hainholzweg 3
21358 MechtersenNützlinge
www.keimzeit-saatgut.de

Manufactum GmbH & Co. KG
Hiberniastraße 5
45731 Waltrop
www.manufactum.de

re-natur GmbH
Charles-Roß-Weg 24
24601 Ruhwinkel
www.re-natur.de

Katz Biotech AG
An der Birkenpfuhlheide 10
15837 Baruth
www.katzbiotech.de

SAUTTER & STEPPER GMBH
Rosenstr. 19
72119 Ammerbuch
www.nuetzlinge.de

plantu UG
Rotherstr. 18
10245 Berlin
www.plantu.de

Homöopathie für Pflanzen

BIOPLANT Naturverfahren GmbH
Carl-Benz-Str. 4
78467 Konstanz
www.biplantol.de

Seilsysteme für Spaliere

Fassadengrün
Inhaber: Sven Taraba
Leopoldstraße 12
(kein Ladengeschäft)
04277 Leipzig
www.fassadengruen.de

Winterschutz

VIDEX GmbH & Co. KG
Hoher Weg 52
27211 Bassum
www.videx.de

Zitrus, Feige & Co.

Flora Toskana
Schillerstr. 25
89278 Nersingen OT Strass
www.flora-toskana.de

Flora Mediterranea
Königsgütler 5
84072 Au/Hallertau
www.floramediterranea.de

Gemüsesamen

**Bruno Nebelung
Kunden-Service**
ESH-Rhenania GmbH
Marienberger Straße 10
56470 Bad Marienberg
shop.nebelung.de

Sperli Kunden-Service
ESH-Rhenania GmbH
Marienberger Straße 10
56470 Bad Marienberg
www.sperli-shop.de

N.L.Chrestensen
Erfurter Samen- und
Pflanzenzucht GmbH
Witterdaer Weg 6
99092 Erfurt
www.gartenversandhaus.de

Bio-Saatgut
Gaby Krautkrämer
Weingartenstraße 58
97252 Frickenhausen am Main
www.bio-saatgut.de

Tomaten & Chili

Deaflora
Dr.-Wolff-Str. 6
14542 Werder/Havel OT Glindow
www.deaflora.de

Lilatomate
Inhaber: Melanie Grabner
Goethestr. 9
67459 Böhl-Iggelheim
www.lilatomate.de

**Irinas Tomaten & Kräuter
Spezialitätengärtnerei**
Blattenhof 1
93142 Maxhütte-Haidhof
www.irinas-tomaten.de

Obstgehölze

**Ahrens+Sieberz
GmbH & Co KG**
Seligenthal
Hauptstraße 440
53721 Siegburg
www.as-garten.de

Lubera AG
Lagerstraße
9470 Buchs SG
Schweiz
www.lubera.com

**Gärtner Pötschke
GmbH**
Beuthener Straße 4
41564 Kaarst
www.poetschke.de

Rebschule Schmidt
Marktbreiter Straße 30
97342 Obernbreit
www.rebschule-schmidt.de

Garten Schlüter
Bahnhofstrasse 5
25335 Bokholt-Hanredder
www.garten-schlueter.de

Baumschule Horstmann
Bergstraße 5
25582 Hohenaspe
www.baumschule-horstmann.de

Wilhelm Ley GmbH
Garten-Center Sängerhof
53340 Meckenheim
www.saengerhof.de

Kräutersamen und -pflanzen

**Rühlemann's
Kräuter & Duftpflanzen**
Auf dem Berg 2
27367 Horstedt
www.kraeuter-und-duftpflanzen.de

Kräuter-Simon
Strengweg 1, Efkebüll
25842 Langenhorn
www.kraeuter-simon.de

Bio Gärtnerei Christian Herb
Heiligkreuzerstr. 70
87439 Kempten im Allgäu
www.bio-kraeuter.de

Mini-Set Pflanzkartoffeln

Biolandhof Jeebel
Jeebel 17
29410 Salzwedel
www.biogartenversand.de

Die wichtigsten Begriffe

Leckere Rezepte

Bildquellen:

Andreja Donko - Shutterstock.com: Seiter 46
Casper-Zielonka, Susanne: Seite 73, 109 u.
Christian Jung - Shutterstock.com: Seite 41
Dan Kosmayer - Shutterstock.com: Seite 114
Denis Nata - Shutterstock.com: Seite 77
Elena Elisseva - Shutterstock.com: Seite 44
Elena Schweitzer - Shutterstock.com: Seite 22, 29, 43
EM Arts - Shutterstock.com: Seite 65
Faßmann, Natalie: Seite 33, 35 u., 54 re., 105, 119 li., 119 re., 124 o., 124 u., 125 o., 125 u.
Flora Press/Christine Ann Föll: Seite 119
Flora Press/Royal Horticultural Society: Seite 55
Flora Press/The Garden Collection/Modeste Herwig: Seite 115
FloraPress/Botanical Images: Seite 92, 133
FloraPress/The Garden Collection/Neil Sutherland: Seite 96
Gorillaimages - Shutterstock.com: Seite 26
Gudrun Muenz - Shutterstock.com: Seite 126 o.
Imageman - Shutterstock.com: Seite 75 Mi.
Imago/Blickwinkel: Seite 121
Julie Deshaies - Shutterstock.com: Seite 67 o.
Julius Images/Redeleit, Wolfgang: Seite 10 li., 13, 45 o.
Kowalzik, Doris: Seite 14
mauritius images: Seite 5 (1), 5 (3), 8, 9, 15, 16, 17 o., 17 u., 19, 20, 23 re., 27 u., 34 o., 35 Mi., 45 u., 51, 54 li., 57, 62, 64 re., 66 u., 67 Mi., 72, 74 o., 74 u., 75 o., 75 u., 76, 83, 87, 88, 89 u., 90 li., 90 re., 91, 97, 98 u., 99 o., 99 u., 103, 104, 110, 117, 127 Mi., 127 u.

Maylünder, Michaela: Seite 36 o., 36 u., 94
Möhrle, Bigi: Titelbild, U4 re., Seite 2, 4, 5 (2), 5 (4), 7, 11, 18, 21, 23 li., 28, 30 u., 37, 38, 39, 42, 48 li., 48 re., 50, 52, 53, 56, 59, 61 li., 61 re., 63, 64, 68, 69, 71, 78, 80 li., 80 re., 81, 85, 86, 95, 98 o., 100, 107, 108, 109 o., 111, 113 o. li., 113 re., 113 u. li., 120, 122
Natalia Klenova - Shutterstock.com: Seite 25
Nattika - Shutterstock.com: Seite 50 o., 89 o.
Parsyak, Ludmilla: Freisteller der Seiten 6/7, 48/49, 82/83, 106/107, 130/131, 134/135.
Mit freundlicher Unterstützung von www.pflanzenhof-vaihingen.de.
Quantem - Shutterstock.com: U4 li., Seite 84
Reinhard, Hans: Seite 30 o., 40, 47 o., 70, 79, 99 Mi.
Reinhard, Nils: Seite 34 u., 35 o.
Riedel, Matthias: Seite 93
Scisetti Alfio - Shutterstock.com: Seite 12
StockFood / Bischof, Harry: Seite 31
StockFood / Emotive Images GmbH: Seite 10
StockFood / Hrbková, Alena: Seite 27 o.
Strauß, Friedrich: Seite 64 li.
Ta Khum - Shutterstock.com   66 o.
Unpict - Shutterstock.com: Seite 47 u.
Wasanajai - Shutterstock.com: Seite 67 u.
Wendebourg, Tjards: Seite 101
www.winterschutz.de: Seite 129
Yuangeng Zhang - Shutterstock.com: Seite 127 o.
Zoonar/Angela Schwartz: Seite 126 u.

Die in diesem Buch enthaltenen Empfehlungen und Angaben sind von der Autorin mit größter Sorgfalt zusammengestellt und geprüft worden. Eine Garantie für die Richtigkeit der Angaben kann aber nicht gegeben werden. Autorin und Verlag übernehmen keinerlei Haftung für Schäden und Unfälle.

Bibliografische Information der Deutschen Nationalbibliothek
Die Deutsche Nationalbibliothek verzeichnet diese Publikation in der Deutschen Nationalbibliografie; detaillierte bibliografische Daten sind im Internet über http://dnb.d-nb.de abrufbar.

© 2015 Eugen Ulmer KG
Wollgrasweg 41, 70599 Stuttgart (Hohenheim)
E-Mail: info@ulmer.de
Internet: www.ulmer.de

Lektorat: Doris Kowalzik
Umschlagentwurf und Innengestaltung:
Michaela Maylünder, Stuttgart,
www.sistermic.de
Reproduktionen: timeRay, Herrenberg
Druck und Bindung:
Firmengruppe Appl, aprinta druck, Wemding
Printed in Germany

ISBN 978-3-8001-8061-5

Hier können Sie weiterlesen

Dieses Buch stellt Ihnen alte Gemüsesorten vor, die mittlerweile fast in Vergessenheit geraten sind. In 15 Reportagen lernen Sie Gemüsegärtner kennen, die mit viel Leidenschaft ihre Schätze bewahren. Ohne ihr Engagement wären viele alte, oft regionale Sorten längst verschwunden. Wenn Sie auf den Geschmack gekommen sind, finden Sie in praktischen Steckbriefen, was Sie für den Anbau im eigenen Garten oder auf dem Balkon wissen müssen.

Die Vielfalt kehrt zurück.
Alte Gemüsesorten nutzen und bewahren. Ina Sperl. 2013. 176 Seiten, 200 Farbfotos, 15 farbige Illustrationen, geb. mit SU. ISBN 978-3-8001-7898-8.

Ob Arche-Hof, Gänsehaltung im Wohngebiet oder ein essbarer Tiergarten, es gibt viele Möglichkeiten, alte und gefährdete Nutztierrassen wiederzuentdecken, zu nutzen und so am Leben zu erhalten. In diesem großartig bebilderten Buch erzählen zwölf leidenschaftliche Tierhalter aus Deutschland, Österreich und der Schweiz von ihrer ganz besonderen Verbundenheit zu alten Rassen. Außergewöhnliche Fotos zeigen die Leidenschaft und den Enthusiasmus der Tierhalter.

Wo die Kuh noch Hörner hat.
Vom Glück, alte Nutztierrassen zu halten. Brigitte Möhrle. 2014. 142 Seiten, 150 Farbfotos, 13 Zeichnungen, geb. mit SU. ISBN 978-3-8001-6755-5.

www.ulmer.de Ulmer

Hausgemachte Köstlichkeiten

Altbekanntes und Ausgefallenes selbst buttern, käsen, wursten, räuchern, trocknen, einkochen, einlegen oder backen. Jedes Kapitel glänzt mit ausführlichem Basiswissen zu Zutaten und Handgriffen, gibt Begriffserklärungen und ermuntert dazu, selbst auszuprobieren. Mit vielen Tipps und Kniffen sowie Sonderseiten wie Käsereste verwerten, Instant-Suppen oder vegetarische Wurst.

Am besten hausgemacht.
Über 650 Rezepte und Varianten für Ketchup, Pommes, Backerbsen, Instantsuppe, Brot, Wurst, Cornflakes, Joghurt, Waffeln, Eis, Kräutersalz, Nudeln, Marmelade, Frischkäse. Cosima Bellersen Quirini. 2014. 285 Seiten, 185 Farbfotos, geb. ISBN 978-3-8001-7998-5.

Uriges Landbrot, saftiges Kartoffelbrot, knusprige Buttermilchkruste – backen Sie sich hocharomatische Brote und Brötchen doch einfach selbst. In diesem Buch finden Sie nicht nur über 40 ausgewogene und alltagstaugliche Rezepte, sondern auch umfangreiche Tipps und Hintergrundinfos – vom Teigkneten bis zum fertigen Brot. Das Basiswissen weiht Sie ein in die Geheimnisse traditioneller Brotbackkunst mit langer Teigführung und sehr wenig Hefe.

Das Brotbackbuch.
Grundlagen und Rezepte für ursprüngliches Brot. Lutz Geißler. 2. Auflage 2014. 272 Seiten, 118 Farbfotos, 114 Zeichnungen, geb. ISBN 978-3-8001-8277-0.

Ulmer Ganz nah dran.